O MILIONÁRIO QUE EXISTE EM VOCÊ

VICTOR ZAREMBA

O MILIONÁRIO QUE EXISTE EM VOCÊ

2ª EDIÇÃO

EDITORA RECORD
RIO DE JANEIRO • SÃO PAULO
2001

CIP-Brasil. Catalogação-na-fonte
Sindicato Nacional dos Editores de Livros, RJ.

Z43m
2ª ed.
    Zaremba, Victor
       O milionário que existe em você / Victor
    Zaremba. – 2ª ed. – Rio de Janeiro: Record, 2001.
    144p.

    Apêndice
    ISBN 85-01-05729-0

      1. Finanças pessoais. 2. Poupança e investimento.
    3. Riqueza. I. Título.

00-0667
                          CDD – 332.024
                          CDU – 330.567.2

Copyright © 2000 by Victor Zaremba

Todos os direitos reservados. Proibida a reprodução,
no todo ou em parte, através de quaisquer meios.

Direitos exclusivos desta edição reservados pela
DISTRIBUIDORA RECORD DE SERVIÇOS DE IMPRENSA S.A.
Rua Argentina 171 – Rio de Janeiro, RJ – 20921-380 – Tel.: 585-2000

Impresso no Brasil

ISBN 85-01-05729-0

PEDIDOS PELO REEMBOLSO POSTAL
Caixa Postal 23.052
Rio de Janeiro, RJ – 20922-970

EDITORA AFILIADA

À minha mulher, Ana Maria, que foi meu braço direito na construção de nossa independência financeira.

Meu muito obrigado a meus filhos Bruno, Rafael e Sabrina, que foram a grande motivação.

Sumário

Introdução 9

CAPÍTULO I Discutindo o conceito de riqueza 17

CAPÍTULO II Princípios básicos: *ataque* e defesa 27

CAPÍTULO III Princípios básicos: ataque e *defesa* 51

CAPÍTULO IV Falando sobre milionários 65

CAPÍTULO V A diferença entre dizer e fazer: persistência e disciplina 73

CAPÍTULO VI A importância de boas táticas de jogo 85

CAPÍTULO VII Aprofundando a discussão sobre táticas de jogo 91

CAPÍTULO VIII Sugestões e dicas práticas 111

CAPÍTULO IX Conclusões 125

Apêndice 133

Introdução

Durante a fase de lançamento do meu segundo livro, *Cuidando do seu dinheiro*, uma coisa me chamou a atenção: muitas pessoas, com bom nível educacional, simplesmente diziam não ter qualquer dinheiro para aplicar.

Uma pergunta que ouvi com alguma freqüência foi: "Se o seu livro auxilia as pessoas a aplicar dinheiro no mercado financeiro, que tal escrever outro dando as dicas de como juntar dinheiro para poder investir?"

Pelas perguntas que me foram formuladas, fiquei diante de duas realidades. A primeira, já conhecida, é a de que, infelizmente, a maior parte da população não possui poder de poupança simplesmente porque não ganha o suficiente para se dar esse "luxo". A segunda é a de que muitas pessoas que poderiam poupar e desenvolver um plano de investimento não o fazem, permanecendo escravas do curto prazo, limitadas ao dinheiro que vão receber no fim do mês. Carregam um sentimento de impotência e de que não adianta tentar mudar as coisas.

O milionário que existe em você pretende abordar este assunto em maior profundidade e identificar as atitudes que fazem, de uma minoria, vencedores financeiros e, principalmente, indicar como as pessoas comuns podem tirar proveito dessas mesmas posturas, transformando suas vidas.

Este livro pretende discutir os caminhos que levam famílias e indivíduos a uma qualidade de vida superior. Ele pretende discutir o conceito de riqueza em si. Se você é daqueles que acha que não acumulou o que deveria ou poderia, este livro pode lhe dar boas referências sobre os *segredos* do sucesso financeiro.

A acumulação de patrimônio segue o mesmo princípio de uma boa equipe de esporte coletivo. Você precisa ter um bom ataque, uma boa defesa, além de táticas de jogo definidas e muita disciplina e persistência. O ataque se relaciona com sua capacidade de ganhar dinheiro, enquanto a defesa com a maneira como você gasta o que ganha. As táticas de jogo estão ligadas ao modo como você cuida de sua poupança e de seus investimentos. E, finalmente, a disciplina e persistência com sua capacidade de conduzir sua vida a médio e longo prazos.

As pessoas bem-sucedidas geralmente apresentam o seguinte perfil:

1. Possuem visão de longo prazo.
2. Estabelecem metas e objetivos de vida bem-definidos.
3. Vivem abaixo de suas possibilidades materiais.
4. Dedicam tempo para planejar sua vida financeira.
5. Escolhem corretamente suas ocupações profissionais.
6. Gostam do que fazem.
7. Sabem identificar e aproveitar as oportunidades.
8. Investem tempo em sua atualização profissional e pessoal.
9. Visam mais a independência financeira do que a ostentação.
10. Criam os filhos para serem financeiramente independentes.

Se você é daqueles que acham que a vida não deve ser planejada, que tudo é fruto do destino, que não se deve pensar no amanhã ou que o dinheiro sempre acaba aparecendo, acho, sinceramente, que este livro não é a sua praia.

Não possuímos total controle de nossas vidas, nem estamos livres de acidentes de percurso ou até de morrermos prematuramente, mas nenhum destes motivos devem nos afastar da busca de uma vida mais rica em alternativas e experiências. Afinal, o que nos distingue dos outros animais e nos colocou em um patamar superior é a nossa capacidade de pensar, de criar e de construir coisas que vão muito além da simples preocupação com a sobrevivência.

Aqueles que possuem um ataque fraco e não são capazes de ganhar muito dinheiro terão, obviamente, grande dificuldade para acumular riqueza. Eles deverão concentrar esforços para se aprimorar, e discutiremos mais tarde maneiras de fazer isto. Existem, entretanto, pessoas que possuem um ataque de boa qualidade e nem por isso são bem-sucedidas financeiramente. Se elas examinarem a lista do perfil dos bem-sucedidos, provavelmente observarão alguns itens com os quais não se identificam.

O título do livro se associa à idéia de milionário potencial. Quando falamos que alguém está bem de vida, normalmente dizemos: "Fulano ficou muito rico, está milionário." O milhão, representa, na cabeça das pessoas, uma fronteira para o "ser rico".

Quando escolhi este título, levei em conta a associação do mesmo com ser bem-sucedido, mas também considerei que, embora poucos acumulem o equivalente a um milhão de dólares ao longo da vida, esta é uma meta que pode ser alcançada por um número bem maior de pessoas, desde que a persigam com seriedade e aplicação.

Além disto, o milhão permite um gancho excelente para divulgar um conceito muito mais importante do que um número mágico. É o conceito da importância da independência financeira.

Aqueles que a atingiram conhecem o seu valor. Não tanto em termos de bens materiais que podem ser comprados, mas em relação ao grau de liberdade de que se passa a desfrutar na vida. É a liberdade de dispor de seu tempo de acordo com suas próprias prioridades, de dizer não a ofertas de trabalho ou oportunidades de negócio cujas relações custo/benefício não lhe pareçam adequadas. Enfim, é a liberdade de se concentrar em ter a maior quantidade de bons momentos possíveis e em procurar fazer apenas as coisas que lhe dão prazer.

Liberdade e qualidade de vida. Estas, na realidade, são as grandes recompensas proporcionadas aos bem-sucedidos. Não existem soluções mágicas para se alcançar o sucesso. O perfil dos bem-sucedidos indica claramente que preparo, trabalho, planejamento, persistência e tempo são ingredientes que fazem parte da receita do bolo. Infelizmente, não existem muitos atalhos para a riqueza. Os poucos que conheço são um bilhete premiado de loteria ou uma aposta pesada em um cassino. No caso da loteria, você ainda pagaria pouco para tentar a sorte; já no caso do cassino, você teria que ter algum dinheiro para bancar suas apostas e correria grande risco de perder. Lembre-se sempre de que os sorteados em loterias são poucos, e os jogos em cassino são feitos para tornar rico o dono do cassino e não você.

Portanto, lamento decepcionar aqueles que esperavam encontrar neste livro algo do tipo: Aprenda aqui os dez passos infalíveis para juntar o seu milhão; ou Como ficar milionário sem fazer força.

Disciplina e normas de conduta básicas — escovar os dentes após as refeições, ou tomar banho diariamente — são um bom exemplo para indicar os caminhos que os milionários trilham para chegar onde chegaram. Parece simplista? Pode ser, mas a verdade é que, na maioria esmagadora dos casos, o sucesso financeiro é construído lentamente e com muita persistência, repetindo-se dia após dia, ano após ano, padrões de comportamento racionais e planejados.

Existe a falsa imagem de que a vida dos ricos é um luxo só. Carrões, jatos executivos, hotéis cinco estrelas e festas inesquecíveis fazem parte da crença popular relacionada com os milionários. "Ganham dinheiro muito fácil. Assim até eu ficaria rico", pensam alguns.

A imagem daqueles poucos empresários extremamente bem-sucedidos, executivos de topo das grandes empresas, artistas de cinema de sucesso internacional ou jogadores de nível de seleção com seus salários milionários, é a que serve de referência para as pessoas. Claro que quase todos eles são muito ricos. Dispõem de um ataque tão excepcional que compensam outras deficiências que possam possuir, como uma defesa fraca ou falta de tática e disciplina. Mas eles são uma minoria entre os bem-sucedidos.

A maioria dos bem-sucedidos é constituída de pessoas comuns, que não estão presentes na mídia a todo o momento. São, na realidade, ilustres desconhecidos que adotam propositadamente a postura de resguardar suas vidas pessoal e familiar.

A população dos bem-sucedidos engloba pequenos e médios empresários, comerciantes, engenheiros, advogados, médicos, dentistas, decoradores, economistas, psicólogos, corretores de imóveis, jornalistas, publicitários e um leque bem amplo de pessoas que atuam em várias outras carreiras profissionais. Estes profissionais estão longe, muito longe, dos salários milionários de uma minoria, que serve como referência ao grande público.

O sucesso financeiro deles vem da aplicação dos fatores que fazem o perfil dos bem-sucedidos.

Neste momento você leitor pode estar pensando: "É muito sacrifício, não vale a pena." Será? Será que é tanto sacrifício assim? Será que não vale mesmo a pena tentar melhorar de vida?

Quantos campeões de Fórmula 1, empresários e executivos de muito sucesso, artistas de fama internacional ou jogadores situados entre os cem melhores do *ranking*, em cada modalidade, existem no mundo? Poucos milhares. Quantos milionários existem no mundo? Muitos milhões.

Que tal tentar ser um entre estes milhões? Que tal tentar atingir sua independência financeira seja qual for o valor que a represente? Mais importante ainda: que tal usufruir a liberdade que normalmente a acompanha?

Capítulo I

Discutindo o conceito de riqueza

Um livro sobre acumulação de recursos deve deixar clara a definição de riqueza que adota.

Para alguns, riqueza pode ser uma representação, ou seja, consideram que as pessoas são ricas, ou não, de acordo com os bens materiais visíveis aos seus olhos. Podemos achar que nosso vizinho é muito rico porque ele dirige um BMW ou uma Mercedes. Afinal, só pode ter um carro desses quem é muito rico, certo? Nem sempre.

Possuir bens visíveis de alto valor não significa, necessariamente, estar bem de vida.

A HISTÓRIA DE MANOEL

"Vamos supor que Manoel tinha R$ 100 mil guardados. Um belo dia, pegou o dinheiro e comprou um Audi zero quilômetro. Era seu único patrimônio — se é que podemos considerar automóvel um patrimônio. Pessoas que não o conheciam poderiam pensar que ele era muito rico porque dirigia um carrão de luxo importado. Na realidade, Manoel não é rico, não possui casa própria, não tem nenhum tostão aplicado seja lá no que for, Mas... tem um Audi."

Manoel não se preocupa em construir sua independência financeira, mas em ostentar *status*. Manoel talvez não saiba, mas esta opção poderá lhe custar muito caro. É a velha história de não se estar disposto a algum tipo de sacrifício hoje para usufruir maior conforto amanhã. Para Manoel a vida se resume ao hoje e agora.

O conceito de riqueza utilizado neste livro é o da independência financeira. Para tal, considera o patrimônio da pessoa em relação a suas necessidades de dinheiro para viver. Como patrimônio entenda-se o total de seus bens deduzido do total de suas dívidas.

No caso de Manoel, ao comprar o carro seu patrimônio seria de R$ 100 mil, longe da fronteira simbólica do milhão de dólares. Além disto, por ter colocado todo seu dinheiro em um automóvel, seu patrimônio se reduziria anualmente, à medida que a desvalorização fosse corroendo seu valor. Se nenhum incidente acontecesse, passados três anos seu patrimônio se reduziria aproximadamente à metade do que valia na época da compra do Audi. Péssima aplicação financeira, não?

É bom lembrar que nós somos animais. Mais requintados do que outros, no topo da escala da evolução, mas animais. As emoções fazem parte de nossas vidas e podem ser muito positivas. Tanto que, volta e meia, nos deixamos levar pelo emocional e somos gratificados por isso. Alguns se deixam levar sempre. Manoel provavelmente pertence a este último grupo.

Somos capazes de formular raciocínios complexos e de fazer associações que vão muito além das conseguidas pelos animais irracionais. O homem é capaz de aprender e transmitir ensinamentos, de traçar alternativas para o futuro, de estocar bens e conhecimentos.

A construção da independência financeira parte dessas características básicas pertinentes à raça humana. Ao visualizar e planejar o futuro, damos os primeiros passos para o estoque contínuo de bens e conhecimento. O progresso alcançado pela raça humana e pelos diferentes países em sua trajetória na Terra segue as mesmas características que fazem bem-sucedidos determinados indivíduos.

A INDEPENDÊNCIA FINANCEIRA

O que significa ser independente financeiramente? Como definir claramente este objetivo?

Podemos dizer que alguém é independente financeiramente quando conseguiu acumular uma reserva de recursos, em dinheiro ou bens geradores de renda, suficientes para poder viver, sem trabalhar, com a renda real proveniente desses ativos.

Como quantificar este valor?

O primeiro passo é determinar quanto você precisa para viver com razoável dose de conforto. Pense sempre em termos anuais. Vamos imaginar algumas categorias de famílias e suas necessidades de gastos anuais:

classe média inferior:	R$ 24.000,00
classe média:	R$ 36.000,00
classe média superior:	R$ 72.000,00
alta classe média:	R$ 120.000,00
classe rica 1:	R$ 240.000,00
classe rica 2:	R$ 360.000,00

Temos, portanto, seis categorias diferentes de grupos de indivíduos. Uma família de classe média poderá levar a vida à qual está habituada se dispuser de R$ 36.000,00 anuais para gastar (R$ 3.000,00 mensais). E assim sucessivamente. É claro que o céu é o limite, mas R$ 360.000,00 de gastos anuais (R$ 30.000,00 mensais) pode ser considerado como um limite mais do que adequado para se ter uma excelente qualidade de vida em qualquer lugar do mundo.

O segundo passo é deixar claro o que se entende por renda real gerada pelos investimentos. A renda real é aquela que supera a inflação. Ao se limitar a gastar os ganhos reais, você não estará alterando o valor da base da qual sua renda futura depende.

O terceiro passo é assumir diferentes níveis de rendimento real esperados de seus investimentos no longo prazo. Aqui foram adotadas três alternativas:

- conservadora   6% ao ano
- moderada   10% ao ano
- agressiva   15% ao ano

Se você é uma pessoa conservadora, que prefere dimensionar com cautela o tamanho da reserva necessária, deve trabalhar com a hipótese de que seus ativos vão render 6% ao ano. Se, ao contrário, você se julga capaz de obter continuamente resultados mais expressivos em seus investimentos e sente-se confiante de que os riscos envolvidos, ao assumir tal postura, não são significativos para o seu caso pessoal, poderá assumir as alternativas moderada ou agressiva.

O quarto passo é o cálculo do nível de recursos que devem ser acumulados para a sua independência financeira. A tabela abaixo contém este cálculo para as alternativas discutidas anteriormente:

Padrão de Vida R$ anuais		Independência Financeira R$	
	Rendimento Conservador	Rendimento Moderado	Rendimento Agressivo
24.000	400.000	240.000	160.000
36.000	600.000	360.000	240.000
72.000	1.200.000	720.000	480.000
120.000	2.000.000	1.200.000	800.000
240.000	4.000.000	2.400.000	1.600.000
360.000	6.000.000	3.600.000	2.400.000

Pelos resultados apresentados acima, vemos que o conceito e a quantificação do que se pode chamar de independência financeira pode variar significativamente, dependendo do nível de vida que a pessoa pretenda levar e de sua capacidade de gerar rendimentos maiores ou menores sobre a base de recursos que conseguiu acumular.

Para uma pessoa de classe média, acumular o equivalente a R$ 360.000 pode ser suficiente para ficar tranqüila e viver sua vida sem sobressaltos, desde que consiga 10% ao ano reais sobre seus investimentos. Já uma pessoa de alta classe média, conservadora em seus investimentos, precisará acumular o equivalente a R$ 2.000.000 para se sentir em condições de afirmar que atingiu sua independência financeira. Onde você se encaixa? De quanto você precisa?

Saber esta simples resposta já constitui um começo. Você pode começar a pensar a longo prazo: "Preciso juntar tanto em tantos anos." É assim que se inicia o processo.

Não deve ter escapado à sua percepção onde entra a tática de jogo a que me referi na Introdução. É ela que vai fazer você precisar de mais ou menos recursos acumulados. É ela, a maneira como você cuida do seu dinheiro, que vai determinar se consegue 6%, 10% ou 15% ao ano sobre seus ativos. Você já percebeu a diferença que ela faz, não?

Além dos recursos acumulados, nas diversas hipóteses previstas na tabela, deve-se sempre considerar que a questão de moradia está resolvida. Ou seja, você reside em um imóvel próprio, quitado, que oferece o nível adequado de conforto para seu padrão de vida.

Os valores apresentados como alvos para independência financeira não levam em conta possíveis fontes de renda provenientes de fundos de aposentadoria. Caso você disponha de um fundo deste tipo, os valores se reduzirão na proporção da pensão que recebe do seu fundo.

Outro ponto interessante — e diria que não por coincidência — é que o nível de independência representado por um patrimônio equivalente a um milhão de dólares — cerca de R$ 1.800.000 ao final de abril de 2000 — está próximo do valor da posição da independência financeira da classe rica 1 com postura de investimento agressiva, como se confirmasse que este patamar seria a fronteira para a riqueza.

AS APARÊNCIAS ENGANAM

A definição de riqueza diretamente atrelada à independência financeira reforça a importância de se focar a realidade e manter presente a mensagem do célebre ditado "as aparências enganam".

Aliás, o ser humano possui uma grande capacidade de se auto-enganar. Manoel, ao dirigir seu Audi, devia se sentir o rico. No fundo, enganava os outros e a si próprio.

DEFININDO ALVOS E PRAZOS

Cabe a cada um de nós definir com quanto se sente satisfeito para levar uma vida confortável, conhecer sua própria realidade, seus pontos fortes e fracos e sua capacidade de transformar planos em realidade.

Recomendaria que todas as pessoas fizessem este esforço de planejamento.

O que você deseja da vida? Qual a evolução que gostaria para sua carreira profissional? O que gostaria de poder fazer em suas férias? Quantos filhos gostaria de ter? Em que colégio gostaria que eles estudassem? Qual sua meta financeira e com que idade gostaria de alcançá-la?

Quanto mais cedo você definir seus alvos, melhor. Note que as únicas certezas na vida são que mudanças vão ocorrer e que morreremos um dia. Seu alvo, portanto, é móvel. Ao atingir determinado objetivo, pode revisá-lo para cima ou não. Afinal, você é o dono de seu destino e não vice-versa.

Três pontos a serem mencionados:

VELOCIDADE: quanto mais cedo atingimos nossas metas financeiras, melhor, pois teremos mais tempo para usufruir a liberdade e a qualidade de vida que ela proporciona. Esta simples constatação significa que, quanto mais cedo atacarmos o objetivo da independência financeira, mais chances teremos de torná-lo realidade.

NOÇÃO DE LIMITES: cuidado com a armadilha da ganância! Ao atingir seu patamar de independência financeira, você terá acumulado o suficiente para viver com conforto o resto de sua vida. Ser mais rico vai contribuir realmente para sua felicidade pessoal? Embora este tipo de preocupação, se é que se constitui em uma, se aplique apenas a uma parcela mínima dos leitores, acho importante registrar que acima de determinados patamares a riqueza adicional é um bem totalmente supérfluo. É mais ou menos como tomar o terceiro copo de água depois de já ter matado a sede com os dois primeiros.

VIVER A VIDA: o objetivo de atingir a independência financeira não deve ser associado ao pão-duro, ou sovina, ou ao indivíduo que deixa de viver a vida só para juntar dinheiro. A vida está aí para ser vivida. É perfeitamente possível conciliar uma vida confortável e feliz com a acumulação de um patrimônio. Muitos acham que estes objetivos são conflitantes. Em minha opinião, estas pessoas estão erradas.

A HISTÓRIA DO SACO DE OURO

"José se formou na universidade aos 22 anos. Ele era muito ambicioso e gostaria de juntar muito ouro. Mas, como todo jovem iniciando uma carreira, não tinha dinheiro. José, então, comprou um saco bem grande, com costura reforçada, para poder guardar as barras de ouro que pretendia comprar no futuro. Esforçou-se muito, trabalhou duro e colheu os frutos de seu empenho com uma carreira de sucesso. Passado algum tempo, começou a ter dinheiro para realizar sua ambição: ficar rico. Um ano depois de formado, comprou sua primeira barra de ouro e jogou dentro do saco com costura reforçada. No segundo ano jogou mais duas barras dentro do saco. No terceiro, mais quatro. Os anos foram passando e José continuava a jogar barras dentro do saco. Hoje, José tem 65 anos de idade e está cansado, com a coluna prejudicada e a saúde abalada. Chegou à conclusão de que vem carregando, desde os 50, um peso totalmente desnecessário em seu saco de costura reforçada. A única coisa que o ouro em excesso lhe trouxe foi dor na coluna."

Embora este livro seja sobre sucesso financeiro e a importância do dinheiro para nos proporcionar uma qualidade de vida superior, é sempre bom repetir que não devemos permitir que nossa vida se torne escrava dele. O dinheiro deve trazer liberdade e não escravidão.

Capítulo II

Princípios básicos: *ataque* e defesa

Na introdução deste livro fiz a comparação do sucesso financeiro com o de um time de esporte coletivo. Bom ataque, boa defesa, boas táticas, disciplina e persistência.

Vamos começar discutindo ataque e defesa.

Como sabemos, em uma partida de futebol ganha quem faz mais gols do que leva. O saldo de gols positivo ou negativo será resultado da diferença entre os feitos nos adversários e os sofridos. Quando um time é bom, a maioria das partidas será vencida e o saldo final de gols será positivo.

Da mesma forma, o sucesso financeiro começa com o ataque ganhando dinheiro em bom volume e com a defesa sendo capaz de gastar menos do que aquele é capaz de ganhar. Esta diferença entre receita e despesa tem um nome conhecido de todos: poupança, nosso saldo de gols positivo.

É preciso trabalhar todos os setores do time. Um bom ataque é importantíssimo, mas não é suficiente. Conheço pessoas que ganham muito dinheiro e vivem duras, penduradas no cheque especial, pagando rios de dinheiro aos banqueiros, quando deviam estar recebendo juros de aplicações ou obtendo valorização de ativos de risco. Elas têm um bom ataque, mas uma péssima defesa, seu saldo de gols é negativo. Para se conseguir o sucesso financeiro não adianta você fazer quatro gols por partida, se o adversário fizer cinco.

No restante deste capítulo estarei discutindo os fatores que caracterizam um bom ataque e as áreas que devem ser cuidadas para aprimorá-lo. No próximo capítulo irei abordar, em maior profundidade, a defesa e sua importância para o alvo da independência financeira.

O ATAQUE

Todos gostaríamos de ganhar muito dinheiro. Mas, infelizmente, nem todos estamos preparados para atingir este objetivo. Na realidade, apenas uma minoria possui as ferramentas e qualificações necessárias para possuir um ataque excepcional.

Nos últimos anos, a situação do mercado de trabalho e dos negócios passou por transformações dramáticas. Estas mudanças continuarão a ocorrer no futuro e tornarão o mercado cada vez mais competitivo. As empresas procuram cada vez mais a eficácia, a preocupação com custos está sempre presente na cabeça dos empresários. Isto não significa que não se poderá conseguir um emprego que pague um bom salário ou abrir um negócio que dê bons resultados. Pelo contrário, mas certamente a competição está cada vez mais acirrada pelas melhores oportunidades.

Esta nova realidade de patamares competitivos exige aumento das qualificações para se conseguir uma boa posição em uma empresa ou para se obter sucesso como empreendedor.

Quando jovens universitários procuram estágio em empresas de ponta precisam, para não ficar em desvantagem no processo de seleção, de um excelente currículo escolar, do domínio de um segundo idioma e, às vezes, de um terceiro, além de intimidade na utilização de computadores. A relação candidato/vaga nestas empresas pode ser de cem para um.

O desenvolvimento futuro e a ascensão a cargos mais importantes estará vinculado à qualidade de trabalho apresentado, ao potencial demonstrado pela pessoa e também à atualização e ao aperfeiçoamento profissional. Não é à toa que jovens do mundo inteiro disputam todo ano a chance de ingressarem nos melhores cursos de mestrado de universidades mundialmente reconhecidas.

Sempre existirão casos de exceção de pessoas com menor dose de preparo acadêmico que conseguem sucesso na vida, mas não creio que devamos ou possamos usar estes casos para minimizar a importância de uma boa formação profissional.

Mas, apesar de importante, uma boa formação acadêmica não é suficiente. Aliada a esta boa bagagem técnica é preciso somar outras características pessoais importantes para fazer a diferença e permitir que você esteja entre os vencedores.

Antes de abordar as características que fazem os bons ataques, julgo conveniente apresentar uma classificação dos diferentes níveis de capacidade de ganharmos dinheiro.

CATEGORIAS DE ATAQUES

Como classificar os diferentes ataques?

Veja na tabela abaixo a classificação relativa à capacidade das famílias de ganhar dinheiro. Tomou-se por base o critério de contribuição para geração de riqueza.

Categoria	Renda Familiar Anual (R$)*
Insuficiente	Até 12.000
Sofrível	De 12.000 até 20.000
Média	De 20.000 até 40.000
Boa	De 40.000 até 80.000
Muito boa	De 80.000 até 150.000
Excelente	De 150.000 até 250.000
Excepcional	Acima de 250.000

*Valores de abril de 2000.

A tabela da página anterior não possui qualquer preocupação social. Ela foi construída procurando classificar os ataques de acordo com sua capacidade de contribuir para o objetivo de uma família atingir sua independência financeira. Boa parte das famílias brasileiras pertence à categoria de ataque insuficiente e, com certeza, a maioria delas se enquadra nas duas classificações inferiores. Esta, infelizmente, é uma realidade da qual não podemos fugir. Uma família que ganhe menos de R$ 12.000 anuais terá grande dificuldade em atingir a independência financeira por uma razão muito simples: ela não possui qualquer poder de poupança. Com muito esforço, conseguirá empatar o jogo. Tudo que entra, precisa sair, para atender às necessidades básicas de consumo.

Assim como a maior parte das pessoas se enquadra nos níveis mais próximos à base da pirâmide, poucas estarão classificadas na categoria excepcional. Apenas cerca de 1% da população, ou menos, se enquadra nesta categoria. São os diretores de grandes empresas, empresários de médio porte, profissionais liberais altamente qualificados, corretores de imóveis muito produtivos, artistas de sucesso, desportistas bem-sucedidos, jornalistas de ponta, entre outros.

O fato de você, eventualmente, estar situado em categorias intermediárias não deve desmotivá-lo. Primeiro, porque você sempre pode procurar melhorar a qualidade do seu ataque; segundo, porque ataque sozinho não ganha jogo.

CARACTERÍSTICAS DO BOM ATACANTE

Os bons atacantes possuem muitas das seguintes características em comum:

- Possuem uma formação acadêmica superior à média;
- Investem tempo para se manter atualizados;
- Fazem planos de carreira a médio e longo prazos;
- São capazes de assumir riscos calculados;
- Possuem iniciativa, assumem responsabilidades;
- São fortes em relacionamento interpessoal;
- Dotados de bom senso, aprendem com os próprios erros;
- Avaliam com equilíbrio os próprios desempenhos;
- São persistentes, mantêm foco e objetivos bem definidos;
- Versáteis, apreendem com rapidez novos conceitos;
- São receptivos a mudanças e desafios;
- São criativos, contribuem para avanços;
- Sabem se valorizar, sem perder o senso de realidade;
- Escolhem bem suas carreiras, fazem o que gostam;
- Trabalham duro.

CUIDE BEM DA SUA FORMAÇÃO PROFISSIONAL

Não custa repetir o óbvio: uma boa forma de aumentar suas chances de ganhar dinheiro é dispor de uma boa formação acadêmica. Ser um bom estudante. Ter um time com bons fundamentos técnicos.

"CANUDO" NÃO É SINÔNIMO DE BOA FORMAÇÃO

Atenção. Existe uma grande diferença entre possuir um diploma e uma formação de qualidade superior.

Como em tudo na vida, as pessoas fazem a diferença. Não acho imprescindível que sejamos o primeiro aluno da classe, mas julgo importante e necessário que façamos um curso bem feito, tirando efetivo proveito do tempo dedicado aos estudos, e que estejamos colocados entre os primeiros (25%) da turma. Não concordo que o estresse na busca pelo primeiro lugar seja de fundamental importância e que pague dividendos tão diferenciados no futuro, mas um curso feito com seriedade tem de nos colocar em posição de destaque relativo. É conveniente ter esta noção sobre a importância de estarmos bem posicionados em termos competitivos desde os bancos escolares. A mesma competição se repetirá e será válida mais tarde no mercado de trabalho e nos negócios. Cabe aos pais a responsabilidade de encaminhar seus filhos no sentido correto. A mensagem é clara: aos melhores as maiores recompensas. Casos de exceção à regra não possuem significado estatístico.

Nem todos podem cursar a universidade. Os que são obrigados a parar seus estudos no 2º Grau, ou em cursos de nível técnico, não devem desanimar. Profissionais de nível médio ou técnico também são perfeitamente capazes de atingir a independência financeira. Alguns se tornam empresários de pequeno ou médio porte bem-sucedidos, fazendo o que sabem e o que gostam de fazer. É o caso de milhares de donos de negócios, de corretoras de imóveis até oficinas mecânicas. Muitas vezes compensam um ataque que não chega a ser excepcional com uma defesa bem estruturada, boas táticas e uma forte dose de disciplina e persistência.

A ESCOLA DEPOIS DA ESCOLA

Médicos vivem em congressos. Por quê? A maior parte deles está buscando a atualização profissional. Em palestras e painéis de debate podem se familiarizar, por exemplo, com novas técnicas cirúrgicas, novas modalidades de tratamento de doenças crônicas, novas técnicas de diagnóstico e novos medicamentos disponíveis no mercado. Além disto, estarão fazendo um pouco de *marketing* pessoal e conhecendo parceiros de profissão com os quais poderão trocar idéias e estabelecer uma ponte de clientes potenciais.

O exemplo dos médicos vale para qualquer profissão. O cuidado com o aperfeiçoamento é básico para aqueles que não querem ser ultrapassados pelos demais competidores. Imagine alguém que trabalhe com informática que não esteja absolutamente em dia com as novidades. Será simplesmente esmagado pelos que se mantêm atualizados.

Hoje em dia o domínio do inglês já é um dado considerado como básico para a maioria dos cargos de elevada remuneração. Para agregar um diferencial, as pessoas têm que começar a pensar no domínio de um terceiro ou quarto idioma. A mesma coisa é válida para a informática. Os jovens de hoje preparam seus trabalhos usando microcomputadores — word, excel, power point e outros aplicativos são básicos para o futuro profissional. Isto sem falar na revolução que a Internet continuará a trazer ao mundo profissional.

Fica muito claro que um ataque acima da média começa a se desenhar pelas qualificações técnicas dos indivíduos. Não há muito mistério: seja interessado; estude; leia muito, sobre todos os assuntos.

Você pode ter mais de quarenta ou cinqüenta anos e achar que tudo que foi dito sobre formação profissional não lhe será útil e na realidade foi como "chover no molhado". Permita-me discordar. Nunca é tarde para aprimorar nossos conhecimentos, seja na especialização em áreas que já dominamos, seja para agregar novas áreas de saber. Além disto, o aperfeiçoamento pode sempre ser concentrado em áreas de aplicação prática.

Se, em última análise, você acha que não tem nada a acrescentar à sua bagagem técnica ou tem preguiça de fazê-lo, sugiro que, pelo menos, dê a seus filhos todas as oportunidades que não tenha tido. Faça com que eles tenham as ferramentas para serem financeiramente independentes e bem-sucedidos. A boa utilização das ferramentas dependerá só deles, mas você terá feito a sua parte.

FAÇA PLANOS A MÉDIO E LONGO PRAZOS

Um número enorme de pessoas leva a vida no dia-a-dia. Acordam, vão para o trabalho, fazem suas tarefas e retornam para casa. Seguem esta rotina durante anos a fio, sem dedicar tempo para pensar em como direcionar suas carreiras. Nunca pensaram seriamente sobre o que gostariam de estar fazendo daqui a cinco ou dez anos.

Quando ingressamos no mercado de trabalho, começamos ganhando o salário inicial para o cargo que vamos ocupar e com pouca experiência. É razoável esperar que, ao longo do tempo, nos tornemos melhores no que fazemos, cumpriremos tarefas mais complexas e diferentes, assumiremos maiores responsabilidades e, conseqüentemente, ganharemos mais dinheiro.

Pessoas que não fixam metas de ascensão profissional terão mais dificuldade em progredir do que aquelas que o fazem. Por uma razão muito simples. Quem sabe onde quer chegar possui mais chance de conseguir identificar o que precisa para chegar lá. Terá mais chances de tomar as medidas para conseguir adquirir a experiência ou os conhecimentos necessários.

A HISTÓRIA DE RODRIGO

"Rodrigo é um engenheiro civil. Começou sua carreira como engenheiro de uma grande empresa e fazia um bico dando aulas em um curso pré-vestibular. Aos poucos começou a perceber que tinha mais prazer na sala de aula do que acompanhando as obras da empresa na qual trabalhava. Os alunos deixavam claro, por suas reações, que ficavam muito satisfeitos com a qualidade de suas aulas. Este foi o primeiro passo para iniciar um plano de ter seu próprio curso pré-vestibular. Passado algum tempo, o plano tornou-se realidade. Hoje, quase trinta anos depois, Rodrigo dirige um dos cursos de pré-vestibular mais conhecidos e de maior sucesso de um grande centro urbano do país.

De engenheiro civil iniciando carreira a dono de um curso bem-sucedido. Rodrigo hoje é uma pessoa que atingiu a independência financeira. Teve sucesso porque planejou seus passos e os executou à risca. Juntou algum dinheiro, fez muitas contas, aprendeu administração escolar, cercou-se de profissionais competentes e acabou chegando lá. Não foi rápido nem foi fácil, foram anos e anos de trabalho. Rodrigo assumiu riscos ao pedir demissão da empresa onde trabalhava para poder se dedicar em tempo integral a seu negócio. Hoje, quase três décadas depois, ele não está nem um pouco arrependido."

A história de Rodrigo, que por sinal é baseada em um caso real, assim como o são as outras histórias ao longo do livro, ilustra a importância de pensarmos a longo prazo, de fixarmos metas e desafios a serem atingidos e superados.

Ganhar dinheiro nem sempre é fácil. Mas esteja certo de que se você não planejar sua ascensão profissional e batalhar por ela, aí é que o dinheiro não vai cair do céu mesmo.

Na maioria dos casos, nossos objetivos não envolvem mudança de profissão, mas sim uma escalada progressiva dentro das especialidades de cada um. Você pode ser um mecânico de automóvel, cujo objetivo seja abrir uma oficina; pode ser um economista trabalhando no departamento financeiro de uma grande empresa, que planeja chegar à posição de gerente do departamento daqui a cinco anos; pode ser um psicólogo em início de carreira, que sonha em abrir seu próprio consultório de atendimento. Seja qual for a sua situação profissional e o seu sonho, estabeleça planos para o seu progresso, transforme sonhos em realidade.

Também é preciso ter consciência de que o poder de ataque aumenta com o passar do tempo. Poucas são as profissões que permitem ganhos elevados no início da carreira. Existem algumas, mas são poucas e a concorrência nas mesmas é muito grande. Para cada *top model* existem milhares de mulheres jovens tentando a carreira de modelo sem obter o mesmo sucesso. Para cada jogador de futebol milionário existem centenas ganhando salários sem qualquer atrativo.

ESTEJA PRONTO PARA ASSUMIR RISCOS

Quando Rodrigo pediu demissão para perseguir o objetivo de abrir seu curso pré-vestibular assumiu um risco. Seu negócio poderia não ter dado certo, e ele teria de voltar ao mercado de trabalho e começar de novo. Poderia até se arrepender de ter dado um passo errado. Mas, se não tivesse assumido o risco, surgiria o arrependimento pelo resto da vida por não ter tentado.

Ao procurarmos atingir nosso progresso profissional estaremos sempre assumindo algum grau de risco. Ao aceitarmos aquela promoção, corremos o risco de não corresponder às expectativas ou de não darmos conta do recado. Ao abrirmos um negócio, ele poderá não dar certo. Ora, se fôssemos pensar sempre negativamente estaríamos nos autocondenando à mediocridade.

Hoje em dia, mais do que nunca, é preciso participar,

ter voz ativa, emitir opinião e nossas recomendações. Ficar em cima do muro não garante paz nem estabilidade. O muro sempre pode cair ou podem derrubar você dele.

Em determinados momentos, é preciso ousar. Não confundir assumir riscos calculados e bem dimensionados com loucuras impensadas. Existe uma grande diferença.

TOME A FRENTE DAS COISAS

As pessoas de sucesso profissional normalmente apresentam forte iniciativa e desejo de assumir responsabilidades.

Se você quer se destacar perante os seus chefes para que percebam sua capacidade profissional e seu potencial é preciso trazer o foco de luz sobre você. Mas cuidado: a iniciativa burra, aquela que não está aliada ao preparo para fazer o trabalho, pode ser fatal.

Ao demonstrar que você é capaz de assumir responsabilidades crescentes, seu nome entrará na lista de funcionários com potencial para desenvolvimento. Entrar neste tipo de lista é um passo importante para o futuro profissional de qualquer um. Não basta fazer bem o seu trabalho, é preciso dar indicações de que você tem potencial para "vôos mais altos".

Você consegue imaginar alguém que faça sucesso em seu negócio se ficar parado esperando os fregueses aparecerem? Ele (ou ela), para ter sucesso, vai ter que se mexer, e muito. Vai ter que planejar com muito cuidado uma série de elementos, desde a linha de produtos e serviços a comercializar, política de preços e vendas, política de estoque e suprimentos, planejamento financeiro e de pessoal, até seu plano de expansão e investimentos, seja o negócio uma lanchonete, uma farmácia ou um colégio. Pense em sua carreira como se fosse seu negócio próprio. O produto que você está vendendo é o seu talento.

INVISTA EM RELACIONAMENTO INTERPESSOAL

Existem pessoas que possuem uma capacidade especial para lidar com os outros. Sabem trabalhar em conjunto de maneira produtiva. Ao se tornarem chefes de equipes conseguem conquistar a admiração e o respeito de seus subordinados, não por serem "o chefe", mas por sua competência profissional, habilidade em contornar crises, capacidade de motivar pessoas a trabalhar em equipe e pelo clima de cordialidade que estabelecem enquanto fazem todo o resto.

A maioria das pessoas desenvolve atividades em que umas dependem das outras para que as coisas aconteçam. Existem muitos cursos sobre técnicas de negociação ou de supervisão que enfatizam justamente este ponto.

Esteja aberto a oportunidades para desenvolver sua sensibilidade e técnicas de relacionamento. Esta é uma área importante para os que almejam ser ou já são executivos ou donos de seus próprios negócios, à medida que precisam manter motivadas as pessoas de quem dependem para produzir resultados e/ou fazer negócios.

DESENVOLVA O BOM SENSO E A AUTOCRÍTICA

Ao longo da vida temos diversas oportunidades para testar nosso bom senso. São milhares de pequenas ou grandes decisões. Não vamos acertar sempre. Todos erramos de vez em quando, uns menos do que os outros. Quem acerta mais tem mais sucesso, seja lá no que for. Simples.

Esteja sempre pronto para aprender com seus erros e com os dos outros. Quando cometer um pequeno engano, não se desespere. Mas saiba que grandes erros podem causar sérios desdobramentos. Aqui é que entram o bom senso e sua experiência. Eles ajudam você a escapar das grandes armadilhas. Se a decisão que você vai tomar terá conseqüências importantes, examine com calma o assunto. Procure decidir com base em elementos racionais, dados que seu bom senso e sua experiência indiquem serem suficientes para que você tenha um grau razoável de certeza de que está no caminho certo.

Seja honesto consigo mesmo, saiba reconhecer quando "pisou na bola". Não fique transferindo para terceiros a responsabilidade por seus erros. Identifique as áreas em que você é mais fraco e precisa melhorar. Ninguém é perfeito, nem você. O fato de realizar uma autocrítica com equilíbrio o ajudará a se aperfeiçoar cada vez mais, fortalecendo seu ataque.

MANTENHA PERSISTÊNCIA, OBJETIVOS E FOCO

Uma carreira profissional, um negócio, a construção de um prédio ou de um patrimônio demandam a existência combinada dos três aspectos acima. Já falamos sobre a importância de objetivos de médio e longo prazos, é preciso falar sobre foco e persistência.

Persistir, insistir ou não desistir, chame como quiser. Todos enfrentamos momentos difíceis e pensamos em desistir em um ou em outro ponto. Nossas metas em determinados momentos parecem inatingíveis ou com grau de dificuldade muito acima do razoável. É importante nesses momentos manter o foco e a persistência.

Podem nos preterir em uma determinada oportunidade. Queríamos muito uma promoção e a pessoa escolhida foi outra. Nem por isso devemos concluir que não somos capazes ou merecedores da mesma.

Existem casos em que temos de estar prontos para mudar de tabuleiro. Se a empresa em que você trabalha não lhe dá as oportunidades para as quais se julga capacitado, que tal trocar de empresa? A persistência quanto a nossos objetivos pessoais é devida a nós mesmos e não à empresa onde trabalhamos.

A HISTÓRIA DE PEDRO

"Pedro é um economista que ao longo de sua carreira se tornou um executivo da área contábil de uma grande empresa. Ele subiu relativamente rápido na organização até um determinado nível, mas aí as coisas começaram a se complicar. Surgiam novos talentos nos quadros da companhia e, por alguma razão, Pedro teve seu potencial revisado e deixou de ser visto como um Diretor a médio prazo. Esta alteração de percepção de seu potencial ficou clara para ele mesmo com o passar dos anos. Seus aumentos salariais já não eram mais os mesmos. Já estava há cinco anos na mesma posição, quando ficara no máximo três anos em cada posição que ocupara anteriormente. Nesta época Pedro tinha pouco menos de quarenta anos.

Pedro poderia desistir, acomodar-se e deixar o tempo passar à espera de uma futura aposentadoria. Mas ele era persistente e não concordou com o julgamento de que seu potencial era limitado a um cargo de gerência de nível intermediário. Tomou a decisão de testar seu potencial em outro lugar. Aceitou um cargo de responsabilidades equivalentes em outra empresa do mesmo ramo. Após alguns anos de carreira na nova organização recebeu um convite para ocupar a posição de Diretor Superintendente, cargo no qual permaneceu por vários anos."

Pedro mudou de tabuleiro, passou a jogar e a competir com novas peças, persistiu e manteve o foco em seu objetivo de ascensão profissional. Teve êxito.

SEJA RECEPTIVO A MUDANÇAS E CRIATIVO

A vida é cheia de surpresas e alterações de rumo. No mundo altamente competitivo em que vivemos as empresas procuram profissionais que sejam flexíveis para lidar com um cenário sempre em alteração. Novos produtos, novos concorrentes, novas técnicas de produção, nova realidade mundial.

As pessoas fechadas à inovação, que param no tempo, estão condenadas a serem superadas pelas receptivas ao risco, versáteis e criativas. Estão condenadas, em sua maioria, a possuir um ataque mais fraco. As empresas buscam qualidades de empreendedor em seus funcionários acima de determinado nível. Muitas estão adotando políticas salariais que refletem essa postura de "empreendedor" no trato com seus colaboradores.

Tratam-se de políticas salariais mais agressivas do que as de alguns anos atrás. É o que poderíamos chamar de política de prêmios sucessivos. O que seria esta política salarial na prática? Ela está baseada no princípio de uma remuneração fixa mais baixa e em um potencial de recompensa variável maior. Não estou falando em vendedores de lojas ou corretores de imóveis que trabalham na base de comissão sobre vendas, mas de gerentes, analistas financeiros, engenheiros, secretárias e advogados.

Dependendo do nível de seu cargo, um funcionário recebe uma remuneração fixa mensal de digamos R$ 1.000, e a cada seis meses este funcionário e os demais têm direito a uma gratificação. O valor do bônus variará de acordo com o lucro da empresa no semestre, com a avaliação de desempenho e da contribuição do funcionário para o lucro gerado. Poucos, de boa avaliação, receberão algo como 20 salários de bônus. A maioria ganhará valores bem menos expressivos. Alguns não receberão bônus algum, foram mal na avaliação, provavelmente serão despedidos.

Qual sua reação sobre uma política salarial deste tipo? Você aceitaria bem esta regra do jogo? Não saber exatamente quanto vai ganhar lhe traz um desconforto muito grande? Você está acostumado a pensar em sua remuneração em termos anuais e não mensais? Como se sentiria dependendo de avaliações sucessivas como fator determinante de sua remuneração?

Você é receptivo a uma inovação deste tipo?

Você é receptivo a mudanças em geral? Gosta de novos desafios? Se sente à vontade tendo que exercitar sua criatividade?

Muitos já disseram, em várias ocasiões, que o processo criativo se compõe de 10% de criação e 90% de transpiração. Esta frase, muito repetida, indica que a criatividade pode ser fruto de dedicação, de exercício e de prática sucessiva. É uma ferramenta que pode ser desenvolvida e aprimorada.

Com o tempo, aprendemos que ser versátil e criativo nem sempre é ter lampejos de genialidade, mas estar atento ao dia-a-dia em busca de novos conhecimentos e experiências. A maioria dos homens e das mulheres não é constituída por gênios. São pessoas comuns, algumas mais inteligentes do que outras, mas todas são capazes de praticar a criatividade, desde que cultivem este hábito.

Os profissionais da área de propaganda, sem dúvida, sabem do que estou falando. Normalmente quando pensamos em pessoas criativas logo vem à mente alguns nomes de gênios da propaganda. São os líderes de agências de muito sucesso. Só que, por trás de cada um destes líderes, existem dezenas de profissionais trabalhando longas horas para atender às solicitações dos clientes, fazendo e refazendo campanhas. É muito comum aos profissionais deste setor trabalharem até altas horas da noite, sempre com a sensação de que o tempo é escasso, sempre sob forte pressão. Quantas idéias criativas são jogadas fora antes que se decida as que vão ser levadas para o cliente aprovar? Perguntem a eles...

É preciso ter a consciência de que as coisas estão em constante evolução. É conveniente e necessário adotar uma postura positiva em relação a este ponto. Esteja aberto e disponível para contribuir neste processo de mudança, para buscar novas formas de fazer as coisas e pensar novas coisas para produzir. Libere e desenvolva o inventor que existe em você.

SAIBA VALORIZAR-SE, MAS MANTENHA O PÉ NO CHÃO

Você é o maior interessado em fazer com que suas qualificações e experiência se traduzam em uma boa remuneração. Empregado de alguém ou dono de seu negócio, saiba se valorizar.

Esteja informado sobre o nível de remuneração de cargos semelhantes ao seu no mercado de trabalho. Compare-se a conhecidos que desenvolvem funções equivalentes às suas. Atenção, esta comparação tem que ser justa e feita com imparcialidade. Existirão conhecidos mais e outros menos qualificados do que você. Como você está situado em termos relativos?

Existem muitos médicos no mercado. Alguns cobram R$ 50 por consulta enquanto outros cobram R$ 300. O segredo de manter o pé no chão é saber, se você fosse um médico, o preço real e justo que poderia cobrar por sua consulta.

Não perder o senso de realidade é importante porque existe uma tendência para valorizarmos nossos serviços além do ponto de equilíbrio. Lembre-se de que ninguém vai querer pagar por serviço de primeira classe e receber serviço de segunda ou de terceira.

De qualquer forma, cabe a você obter uma valorização mais justa possível por seus serviços — sem ser inconveniente, desnecessariamente agressivo e mantendo sempre o pé no chão.

ESCOLHA BEM SUA ATIVIDADE PROFISSIONAL

O ideal seria que todos pudéssemos ter como nosso ganha-pão o nosso passatempo preferido, que pudéssemos ganhar dinheiro com uma atividade que adorássemos realizar, que nos desse muito prazer.

À medida que trabalhássemos com um prazer enorme, tenderíamos a transferir para a qualidade do nosso serviço nossa felicidade, encantando nossos clientes. À medida que agradarmos nossos clientes, eles retornarão e trarão novos clientes. Uma regra básica de *marketing*, às vezes esquecida.

A regra básica para a escolha de nossa atividade profissional, portanto, é que a mesma nos dê prazer, que seja um trabalho que gostamos de realizar — seja escrever um livro, projetar uma casa, criar uma campanha publicitária ou fazer uma cirurgia.

Como afirmei anteriormente, os bem-sucedidos atuam em uma gama bem ampla de atividades. Não existe uma profissão ou atividade específica que lhe garanta sucesso financeiro. A coisa não funciona na base do "me diga a profissão dele que eu te digo se ele é rico ou não".

Existem advogados bem-sucedidos e outros não. A mesma coisa acontece com economistas, engenheiros, médicos, dentistas, comerciantes, artistas plásticos, atrizes, modelos, jogadores de futebol, jornalistas, publicitários, psicólogos, cientistas, corretores de imóveis, etc. Naturalmente, quem tem a oportunidade de se preparar para as profissões situadas no alto da pirâmide terá maiores chances de ser bem-sucedido financeiramente. Mas não se deve confundir maiores chances com garantia de sucesso.

PREPARE-SE PARA DAR MUITO DURO

Você tem uma ótima formação acadêmica, excelentes características pessoais, mantém-se em dia com as novas técnicas aplicadas à sua área de atuação. Parabéns, você está com as ferramentas para o sucesso. Agora só falta usá-las.

Prepare-se para trabalhar duro e com muita determinação. Existe aquele velho jargão de que você precisa matar um leão por dia para ter sucesso na carreira. É claro que o leão está no sentido figurado, mas saiba que é preciso trabalhar com seriedade e, vez por outra, fazer alguns sacrifícios pessoais.

Escolha uma atividade que lhe dê prazer. Se a atual não se enquadra no que gostaria de fazer, pense seriamente em trocar de profissão.

Associe a esta escolha um preparo acadêmico sério, desenvolva suas qualidades pessoais, como as discutidas ao longo deste capítulo, mantenha-se atualizado, planeje sua carreira, esteja pronto para assumir alguns riscos calculados, saiba identificar e aproveitar as oportunidades que a vida lhe oferecer e trabalhe duro. Com o tempo você verá a qualidade do seu ataque cada vez melhor.

Capítulo III

Princípios básicos: ataque e *defesa*

Chegou o momento de discutirmos o segundo ingrediente da receita para a independência financeira: a defesa.

Ganhar muito dinheiro é bom, ajuda bastante, mas nem sempre é suficiente para atingir o conceito de riqueza estabelecido neste livro.

Na Introdução apresentei um perfil das pessoas que atingem a independência financeira. Entre as diversas características listadas, gostaria de lembrar as seguintes: possuem visão de longo prazo; estabelecem metas e objetivos de vida bem-definidos; vivem abaixo de suas possibilidades materiais; dedicam tempo para planejar sua vida financeira e visam mais a independência financeira do que a ostentação de *status*.

A lista acima indica, mais do que características específicas, uma postura de vida. É a adoção de uma postura de vida que abrigue as características apresentadas no parágrafo anterior que faz uma pessoa bem-sucedida.

Outra história da vida real:

"Francisco é um advogado experiente. Sempre possuiu excelente conceito na área em que atua. Este conceito, aliado à sua capacidade de trabalho, atraíram muitos clientes. É claro que esta procura acabou gerando contratos, que produziram uma apreciável fonte de renda, algo em torno de três milhões de reais por ano. A margem do negócio de Francisco é muito alta. Tirados os custos, a retirada de Francisco, ao longo de muitos anos, se situou em um nível médio próximo de um milhão de reais anuais. Ele possui um ataque excepcional, provavelmente está no topo de 0,1% da população que atinge este nível de renda. A reação natural de qualquer um seria a de concluir que Francisco é um milionário, com vários milhões acumulados.

Mas Francisco, embora um goleador, digno de figurar entre os atacantes da seleção nacional, possui uma defesa simplesmente caótica. Seus olhos estão voltados exclusivamente para o ataque. Normalmente, quando o dinheiro entra já está comprometido com algum gasto realizado ou por realizar. Por mais que ganhe, não consegue ter uma reserva. Embora ganhe muito dinheiro, leva uma vida ainda acima de suas possibilidades materiais. Na realidade, Francisco joga dinheiro fora, é daqueles que acendem o cigarro com nota de 100 dólares. Não faz qualquer planejamento a médio prazo. Apesar de todo o dinheiro que ganha, não possui qualquer reserva. Em vez de dinheiro aplicado, ele tem dívidas, está sempre pendurado no cheque especial e sua secretária está cansada de receber telefonemas do gerente do banco pedindo para providenciar a cobertura de cheques sem fundo.

Nos últimos dois anos, o escritório de Francisco começou a sofrer muito com a concorrência de outras empresas de advocacia e consultoria empresarial. Sua renda pessoal caiu do patamar de R$ 1 milhão para algo em torno de R$ 300 mil. O que aconteceu com Francisco? Mesmo continuando a ganhar mais do que a maioria é capaz, ele simplesmente faliu. Hoje empurra como pode as dívidas que contraiu nos últimos anos para manter um padrão de vida ao qual não podia se dar mais ao luxo de levar."

Francisco, embora brilhante em determinados aspectos, era um péssimo empresário e, como ficou claro na história, lembra um animal irracional, sem nenhuma visão de longo prazo.

A história chega, em minha opinião, aos limites do absurdo. Como pode alguém com um ataque tão poderoso não ser um campeão financeiro?! Para a maioria esmagadora das pessoas, a idéia de gastar R$ 1 milhão por ano, ao longo de vários anos, pode parecer até uma tarefa difícil. Mas não é. Gastar dinheiro é facílimo. Faltam a Francisco as posturas básicas que conduzem à independência financeira.

CONCEITOS DISTINTOS: CONFORTO *VERSUS* LUXO

Viver com conforto é algo bem diferente de viver com luxo. São conceitos completamente distintos.

Ter um relógio que custe, por exemplo, R$ 1.000 ou um modelo em ouro que custe R$ 10.000 ilustra este ponto. Um relógio de R$ 1.000 é de ótima qualidade, dá a seu dono uma boa relação custo/benefício. Já o relógio que custa R$ 10.000 apenas agrega luxo ao pulso de seu usuário, mostra que seu dono, antes de estar preocupado em ter um bom relógio, quer ostentar *status*, quer mostrar aos outros seu "poder". Ora, pagar R$ 9.000 a mais por um relógio, por luxo, nem sempre é o melhor caminho para quem quer construir sua independência financeira.

O exemplo do relógio se aplica a diversos outros itens, como o automóvel que dirigimos, o hotel em que nos hospedamos ou o restaurante onde comemos. Atenção: não estou aqui apregoando que devemos ser pães-duros, mas registrando que conforto e luxo não são a mesma coisa.

Você pode fazer uma excelente viagem hospedando-se em ótimos hotéis, freqüentar bons restaurantes, participar de passeios interessantes e ainda fazer compras, sem torrar dinheiro desnecessariamente. Não é preciso deixar de viajar ou de ter outros prazeres na vida para juntar dinheiro. A boa notícia é justamente esta: é possível levar uma vida confortável e mesmo assim caminhar para a independência financeira.

A DEFESA

O que é uma boa defesa?

Uma boa defesa exige pensar a longo prazo, planejamento financeiro e viver abaixo de suas possibilidades materiais, sem se preocupar em ostentar *status*.

A ferramenta básica da defesa chama-se orçamento familiar — aquele velho e chato trabalho de listar fontes de receitas e prever as despesas.

No exemplo de Francisco, é óbvio que não há qualquer planejamento financeiro, não há orçamento. Sua defesa, como vimos, é inexistente.

Nas defesas fracas, o orçamento eventualmente até existe, mas não é levado a sério. É feito como uma desculpa para nós mesmos. Ele é malpreparado e preocupado apenas com o curto prazo, o mês em curso, no máximo com o mês que vem.

As pessoas que possuem uma defesa forte sabem quanto gastam em cada item principal do orçamento. Quanto gastam com despesas de moradia, educação, comida, médicos e assim por diante. E sabem quanto gastam nestes itens em bases anuais, não mensais.

Níveis elevados de inflação tornam o planejamento a médio e longo prazos mais complicados. As pessoas, para terem uma idéia de quanto gastam, têm que transformar a moeda em algum índice, levando em conta a inflação divulgada pelos principais institutos que acompanham as variações de preço.

Países com elevada inflação tornam o ato de projetar orçamentos um pouco mais trabalhoso, mas não impossível. Muitos que residem em países com esta característica culpam a inflação por sua falta de sucesso financeiro, quando deveriam culpar a si próprios.

Antes de discutirmos o orçamento familiar e maneiras para torná-lo mais efetivo, julgo conveniente falarmos sobre uma questão mais abrangente: nossa postura diante dos gastos.

Como já disse, quando discuti a diferença entre conforto e luxo, não defendo que sejamos pães-duros, mas considero fundamental, para se atingir a independência financeira, que sejamos racionais, que evitemos as despesas supérfluas.

É óbvio que a recomendação sobre ser econômico ganha maior importância enquanto se está construindo o patrimônio. Gradativamente as pessoas poderão se permitir determinados luxos. Afinal, a gente trabalha e se esforça para isto.

TESTE SUA PERCEPÇÃO

Vamos aplicar um pequeno teste:

"Cláudio e Renato se formaram em engenharia no mesmo ano. Cláudio aceitou uma oferta de emprego em uma empresa privada com salário de R$ 24.000 anuais, enquanto Renato iniciou sua carreira, em um cargo público, ganhando R$ 30.000 por ano.

Cláudio entrou em um consórcio para comprar seu primeiro carro, um modelo econômico, na faixa de R$ 12.000. Renato procurou uma empresa de crédito direto ao consumidor, obteve um empréstimo, e comprou um carro de luxo por R$ 40.000."

Com base nesta rápida história, sem todos os dados necessários, você seria capaz de adivinhar como estão hoje, 30 anos depois, Cláudio e Renato em termos de saúde financeira? Qual dos dois está em melhor situação? Qual deles leva a melhor qualidade de vida?

É claro que muitos outros fatores contribuíram para

transformar Cláudio em um membro do seleto clube dos milionários, enquanto Renato ainda luta, volta e meia, com dificuldades financeiras. Mas a postura básica de uma boa defesa estava presente na vida de Cláudio desde a formatura. Enquanto Cláudio deu um passo do tamanho de sua perna e enfrentou transporte coletivo até juntar o suficiente para dar um lance no consórcio, Renato optou por ostentar *status*. O comportamento dos dois, na vida, manteve as mesmas características básicas de quando recém-formados. Cláudio, sempre tomando decisões racionais e bem medidas, e Renato, o tempo todo dependendo de bancos para manter um padrão de vida acima de suas possibilidades.

Hoje, 30 anos depois, Cláudio desfruta de um padrão de vida muito superior ao de Renato em todos os sentidos. Desde o apartamento onde mora, os carros que ele e os membros de sua família dirigem, as viagens de férias que realiza e, mais importante, o padrão de vida e educacional que foi capaz de proporcionar a seus filhos.

Alguns poderão pensar nos anos em que Renato levou uma vida melhor que a de Cláudio e concluir que, de repente, não valeu a pena o sacrifício de Cláudio para hoje ter uma qualidade de vida superior. Na verdade não foram muitos anos. Poucos anos depois de formados, Cláudio já desfrutava de uma qualidade de vida igual à de Renato e, a partir daí, passou a superá-lo de forma cada vez mais marcante.

Esta pequena história serve para ilustrar que, mais do que o orçamento em si, o importante é a atitude. Cláudio sempre teve seu foco na independência financeira e traçou sua vida pessoal e profissional com este objetivo em mente. Ele não deixou de viver enquanto transformava seu objetivo em realidade. Pelo contrário, sempre teve uma vida rica em experiências, oportunidades e momentos de prazer.

Renato, preocupado com *status*, pagou o preço da ostentação sob forma de juros altos. Ao levar uma vida acima de suas possibilidades, criou para si mesmo dois problemas: a ilusão (passageira) de poder levar uma vida de rico quando não era e condenou-se a escravo do curto prazo do ponto de vista financeiro.

Existem ternos de boa qualidade na faixa de R$ 500. Você é daqueles que paga R$ 3.000 por um terno porque leva a etiqueta de uma grife internacional pregada no bolso interior?

Se você já é um milionário, pode se dar ao luxo de fazer extravagâncias. Se não é, saiba que este tipo de postura consumista, que pode trazer algumas satisfações passageiras ao ego, certamente não combina com a busca pela independência financeira.

Voltando ao exemplo de Cláudio e Renato, vamos aprofundar um pouco mais a análise. O carro de Cláudio (R$ 12.000) teve um custo de seguro anual da ordem de R$ 700, enquanto no caso do carro de Renato (R$ 40.000) chegou a R$ 2.000 por ano. O imposto anual que os veículos pagavam eram de R$ 300 e R$ 800, respectivamente. Sobre o financiamento, Renato pagou R$ 20.000 de juros ao longo de três anos. O carro de luxo consumia 50% mais combustível do que o modelo econômico, sem contar que a manutenção em oficina era três vezes mais cara. Vamos supor que no fim de quatro anos ambos tenham trocado de automóvel. A desvalorização do carro econômico foi de 50% e a do carro de luxo, 65%. Qual foi o resultado desse "investimento" para cada um?

Por que investimento entre aspas? Porque não considero a compra de um automóvel uma aplicação de recursos. Na realidade nada mais é do que a compra de um bem de consumo durável.

	Cláudio	Renato
Preço do carro	12.000	40.000
Seguro (4 anos)	2.800	8.000
Imposto (4 anos)	1.200	3.200
Juros	Zero	20.000
Taxa Administração do Consórcio (10%)	1.200	Zero
Combustível (4 anos)	5.800	8.700
Oficina (4 anos)	2.000	6.000
Total de despesas	25.000	85.900
Valor de revenda	(6.000)	(14.000)
Custo líquido	19.000	71.900

Os números acima mostram que Renato gastou, em quatro anos, R$ 52.900 a mais do que Cláudio na compra e na manutenção de seu automóvel. Diferença equivalente a quase dois anos de seu salário, para manter um luxo que, na verdade, não podia se dar.

O que aconteceu ao longo desses quatro anos? Renato, simplesmente, não conseguiu poupar nenhum tostão. Todo seu dinheiro foi canalizado para ostentar *status*. Neste mesmo período, Cláudio deu os primeiros passos que o levariam à independência financeira.

Outra coisa boa sobre a tabela é nos fazer olhar de frente quanto custa e qual o peso relativo do carro em nosso orçamento. Acho válido querermos ter um bom automóvel, que nos ofereça conforto e segurança. Nada de errado com isso. Mas o preço que pagamos ao dar o passo maior do que a perna, neste aspecto, parece não compensar os eventuais benefícios. Uma satisfação de curto prazo pode comprometer seriamente nossa saúde financeira a médio prazo.

Muitas de nossas decisões de consumo são emocionais. Às vezes extrapolamos e tomamos decisões que beiram a irracionalidade. Lembram da história de Manoel e seu Audi? Pois é.

É preciso ter clara a idéia de que devemos viver de acordo com nossas possibilidades — aliás, um pouco abaixo delas — se pretendemos ter um saldo de gols positivo e acumular patrimônio.

Discutida a questão mais abrangente de nossa postura quanto a gastos, podemos mergulhar no orçamento familiar.

PASSOS PARA UM BOM ORÇAMENTO

Passo número 1:

AMPLIE O PRAZO DE SEU ORÇAMENTO

- Trabalhe com orçamento de 12 meses ou mais. O ideal é trabalhar com pelo menos três anos. A vantagem de expandir seu horizonte é forçá-lo a pensar a longo prazo.

Passo número 2:

TRABALHANDO SUA PROJEÇÃO DE RECEITAS

- Faça uma lista de todas as suas fontes de renda familiar. Não esqueça de incluir a renda de aluguéis e de aplicações financeiras, se existirem.
- No caso das rendas financeiras, considere que receberá juros ou terá valorização de principal sobre a base do mês anterior. O percentual que você considerará de juros/valorização dependerá de sua percepção de quanto poderá obter com seus investimentos.
- Ao projetar a evolução de suas receitas, pense no que prevê para sua carreira e a de outros integrantes da família que contribuem para o orçamento. Se sua família ganha, por exemplo, R$ 20.000 anuais, que tal considerar que a renda vai aumentar 10% reais ao ano em função de aumentos de mérito ou de promoções que você e sua mulher, ou seu marido, pretendem alcançar a médio prazo? Ao pensar em metas de receitas, você estará se forçando a identificar os meios para atingi-las.
- Não se esqueça de considerar aquelas receitas eventuais, como décimo terceiro salário, bonificação de férias, gratificações etc.

Passo número 3:

CRIANDO A LINHA "PROVISÃO PARA A RIQUEZA"

- Antes de falar em projeção de despesas, é preciso criar uma linha em seu orçamento. Você poderá batizar esta

linha de "provisão para a riqueza", "fundo para a independência financeira", ou outro nome que julgue apropriado.
- Considere que, pelo menos, 10% de suas receitas serão dedicados a esta linha de seu orçamento. Quanto maiores suas receitas, maior poderá ser o percentual, sem causar prejuízos à sua qualidade de vida.
- Todo início de mês, assim como paga o aluguel ou a mensalidade da escola dos filhos, efetue o "pagamento" do fundo especial para sua independência financeira. Ao efetuar o pagamento, já destine os recursos para o tipo de investimento que pretende fazer — caderneta de poupança, fundo de renda fixa, fundo de derivativos, fundo de ações etc.

Passo número 4:

TRABALHANDO SUA PROJEÇÃO DE DESPESAS

- Faça uma lista de todas as suas despesas usuais — com moradia, educação, transporte, lazer etc.
- Projete estas despesas para o futuro.
- Depois de totalizar suas despesas conhecidas, considere que sempre acontece alguma coisa fora da rotina. O carro quebrou ou seu filho ficou doente; são as chamadas despesas não previstas. Qual tem sido a média deste tipo de despesas? Talvez seja prudente colocar no orçamento uma verba para imprevistos. Se não acontecerem, ótimo.
- Não se esqueça de considerar aquelas despesas eventuais, como a troca de um carro, férias, imposto predial, renovação de seguros etc.

Passo número 5:

OBTENDO OS SALDOS/BALANCEANDO O ORÇAMENTO

- Existe um passo numérico para obter o saldo entre suas receitas e despesas projetadas. Isto é fácil, é só uma conta de diminuir.
- Muito mais importante do que a simples operação aritmética é balancear o orçamento quando isto for necessário. Lembre-se de um dos itens do perfil dos vencedores: vivem abaixo de suas possibilidades.
- Se suas despesas projetadas são maiores do que suas receitas, você pode estar diante de duas situações: seu ataque é insuficiente ou você tem que ajustar seu padrão de vida à sua realidade econômica.
- Se o seu caso é um ataque muito fraco, concordo que fica difícil ajustar o nível de suas despesas. Neste caso, o que você precisa é dar um jeito de ganhar mais. Sugiro reler com calma o capítulo anterior.
- Se você tem um ataque pelo menos regular — renda familiar entre R$ 20.000 e R$ 40.000 anuais —, começa a haver espaço para trabalhar a defesa.
- Examine com atenção suas despesas. Onde está o problema? O apartamento onde mora é compatível com sua realidade econômica? A previsão para troca do carro não pode ser adiada? Que tal trocar o carro por um mais barato? Que tal parar de fumar aqueles três maços por dia? Que tal modificar um pouco seu lazer, optando por programas mais baratos?
- Seja qual for o seu caso, cabe a você o diagnóstico e a

seleção das medidas corretivas em função de suas próprias prioridades. O importante é que haja "vontade política" para que as medidas corretivas sejam efetivamente tomadas. Não adianta nada ter uma trabalheira para elaborar um orçamento bem-feito se o objetivo for apenas elaborar um monte de contas.

Lembre-se de que o orçamento familiar deve ser encarado como uma ferramenta de auxílio para sua saúde financeira a longo prazo. Mas quem vai efetivamente construí-la é você, não ele.

Capítulo IV

Falando sobre milionários

Nos capítulos anteriores abordei dois pontos importantes que conduzem à independência financeira: o ataque e a defesa. Antes de cobrir outros pontos, gostaria de falar um pouco sobre os milionários.

Na falta de uma pesquisa sobre o assunto em nosso país, estarei utilizando dados de uma realizada nos Estados Unidos sobre os milionários de lá.

Alguns dirão que os resultados de uma pesquisa realizada nos EUA não possuem qualquer valor em nossa terra porque as realidades entre nossos países são distintas. Acredito que, mesmo consideradas estas diferenças, alguns dados apurados pela pesquisa são interessantes no sentido de permitir entender e ilustrar o que torna algumas pessoas mais bem-sucedidas financeiramente do que outras.

O CREME DO CREME, A NATA DA NATA

A primeira informação revelada pela pesquisa é o número de lares milionários existentes naquele país. Eles são 3,5 milhões em 100 milhões, ou seja, 3,5% do total de lares. Mesmo em um país rico, onde a cultura de vida chamada "sonho americano" prevalece há muitos anos, apenas uma minoria consegue atingir o patamar do milhão de dólares de patrimônio. Eles fazem parte do topo da pirâmide, são o "creme do creme".

Quanto a este aspecto, não tenho um número relativo em nosso país, mas arriscaria dizer que deve estar entre um e dois por cento da população. Isto significaria dizer que existem entre 500.000 e 1.000.000 de lares milionários em nossa terra. Nossa pirâmide possui um topo ainda mais exclusivo, mas ele não é inatingível. Como veremos, mesmo pessoas de classe média podem almejar estar entre os 1% ou 2% mais privilegiados financeiramente.

A MAIORIA É FORMADA POR "EMERGENTES"

Oitenta por cento dos milionários americanos são de primeira geração — não receberam heranças, não ganharam a riqueza de mão beijada. Portanto, quase três milhões daqueles 3,5 milhões de famílias suaram a camisa e construíram seu patrimônio, no decorrer de muitos anos de trabalho duro e objetivos de vida bem-definidos. A conclusão que se pode tirar daqui é clara: é perfeitamente possível estabelecer e atingir o alvo de juntar o equivalente a um milhão de dólares ao longo de uma vida. Nos próximos capítulos ficará claro que pessoas comuns podem perfeitamente ingressar no seleto clube dos independentes financeiramente.

INFELIZMENTE, FICAR RICO LEVA TEMPO

A idade média observada foi de 57 anos. Vinte por cento deles estão aposentados; 2/3 são donos de seus próprios negócios — desses, 75% se consideram empresários.

O que estes números indicam? Em primeiro lugar, confirmam que o processo de enriquecimento precisa de tempo para amadurecer. É claro que haverá poucos jovens na faixa dos 30 anos, puxando a média para baixo, mas o grosso da amostra está concentrada em pessoas na faixa dos 50 a 65 anos de idade. Em segundo lugar, vem a conclusão de que, embora ricos, a maioria continua desenvolvendo atividades profissionais. Além disto, entre os milionários, a maioria possui sua própria empresa, ou seja, estão dispostos a assumir riscos mais elevados. Convivem, em seu dia-a-dia profissional, com a necessidade de planejar o futuro de seus negócios, de desenvolver orçamentos, prever vendas etc. Estão acostumados a tentar antecipar o que vai acontecer no futuro. Possuem foco de longo prazo.

Uma boa notícia é que hoje a expectativa de vida está ficando cada vez mais alta em função do avanço da medicina. Significa que se você atingir a independência financeira aos 55 anos provavelmente ainda terá pelo menos 20 anos para usufruí-la.

MILIONÁRIO PADRÃO: PATRIMÔNIO DE US$ 1,6 MILHÃO

O patrimônio médio identificado foi de US$ 3,7 milhões, e apenas 6% dos milionários possuem patrimônio superior a US$ 10 milhões, puxando a média para cima. O típico milionário, posicionado no ponto médio da amostra, teria algo em torno de US$ 1,6 milhão. Os valores em si não são importantes. Interessa ressaltar é que a maioria deles está na faixa de US$ 1 milhão a US$ 2 milhões de patrimônio. Esta faixa bate com a tabela de independência financeira apresentada no primeiro capítulo do livro para as famílias ricas. É mais uma confirmação dos patamares necessários para se atingir um nível de independência financeira que permita desfrutar um excelente padrão de vida.

ATAQUES EXCEPCIONAIS, PORÉM NÃO MILIONÁRIOS

Em termos de poder ofensivo, a pesquisa indicou que a renda média anual dos milionários está próxima dos 250 mil dólares. Um ataque excepcional, mas longe dos milhões anuais ganhos pelas megaestrelas do cinema, da televisão ou dos esportes. Como já disse, os milionários são, em sua maioria, pessoas comuns. Bem-sucedidas, porém comuns.

DEFESA. DEFESA. DEFESA

Em termos de defesa, hábitos de consumo, o que você imaginaria? Ora, um milionário residente nos Estados Unidos, onde os automóveis são mais baratos do que em outras partes do mundo, deveria dirigir, no mínimo, um BMW, certo? Errado. A maioria dos ricos americanos dirige carros produzidos em seu próprio país. Traduzindo em números, são carros que custam lá alguma coisa entre 25 mil e 35 mil dólares. Mas aí você pensaria: "Dirigem carros americanos mas sempre zero quilômetro, certo?" Errado novamente. Ficou claro, pela pesquisa, que eles não estão interessados em ostentar *status*, mas em dirigir um bom veículo em termos de conforto e segurança. Assim, dirigem carros que possuem em média cerca de três anos.

Ainda em termos de defesa, você acha que eles se vestem com roupas caríssimas, todas de grifes internacionais, certo? Errado, de novo. Suas roupas são de boa qualidade, é claro, mas sem qualquer tipo de luxo, normalmente não estão dispostos ou interessados em pagar um preço adicional por uma etiqueta.

Em termos simples, vale um dos itens que compõem o perfil dos bem-sucedidos financeiramente: eles vivem abaixo de suas possibilidades. Vivem com muito conforto, mas não abusam do luxo.

VIDA PESSOAL ESTÁVEL

Outro dado interessante: a maior parte possui uma vida pessoal estável. Permanecem casados com seu primeiro companheiro e possuem filhos bem-criados e unidos em torno da célula familiar.

Normalmente, a estabilidade financeira decorre de uma postura que implica em uma vida equilibrada do ponto de vista emocional. Uma pessoa instável, que passou por três ou quatro casamentos, terá uma dificuldade muito maior de atingir um patamar de patrimônio expressivo. Acho que a razão é óbvia, não? Todos sabemos os custos de um divórcio e as conseqüências financeiras do mesmo a médio prazo. Não estou defendendo a tese de que devemos permanecer casados e infelizes só por causa de dinheiro. Estou somente constatando uma realidade: aqueles que investiram na estabilidade de seus relacionamentos acabam sendo mais bem-sucedidos também em outros setores da vida.

NADA DE PALÁCIOS E PALACETES

O milionário americano médio mora em imóveis de 320 mil dólares e muitos deles moram na mesma casa há mais de 20 anos. Nota-se, mais uma vez, a falta de preocupação com *status*. Para que morar em um imóvel de alto luxo se uma casa confortável e de bom nível já resolve meu problema de moradia? O fato de muitos habitarem o mesmo imóvel há muitos anos também reforça outra realidade constatada pela pesquisa: a estabilidade.

FORTE FORMAÇÃO ACADÊMICA

No capítulo dedicado ao ataque, ressaltei a importância de uma boa formação acadêmica. Sem qualquer surpresa, verifiquei que nada menos do que oito em cada 10 milionários possuem curso universitário completo. Muitos deles têm cursos de mestrado e doutorado em seu ramo de atividade. Se você pessoalmente não teve a oportunidade de ter uma formação adequada, leve isso em conta na hora de educar seus filhos. Procure dar a eles as ferramentas às quais não teve acesso. Dependendo de sua idade, ainda não é tarde para você mesmo procurar ter acesso às mesmas. É uma das maneiras mais óbvias de melhorarmos nosso poder de fogo.

VISÃO DE LONGO PRAZO: SALDO DE GOLS POSITIVO

Eles são cuidadosos na área de planejamento financeiro. Dedicam tempo para tentar antecipar o futuro, traçar metas e identificar os caminhos que poderão torná-las realidade. Em função de um forte ataque e de uma boa defesa, possuem saldo de gols positivo. Na realidade, investem cerca de 20% de sua renda anual. Estão acima daquele mínimo de 10% que incluí como um dos passos do orçamento familiar, com o nome de "Provisão para a Riqueza".

BUSCAM A MAXIMIZAÇÃO DE RESULTADOS

Além disto, desenvolvem boas táticas de investimento, fazem seu dinheiro render mais do que a média das outras pessoas. Estaremos discutindo táticas em mais detalhe mais à frente no livro, mas posso adiantar que eles investem cerca de 20% de seus recursos em fundos ou diretamente no mercado de ações, enquanto outros 20% de seu patrimônio estão concentrados em seus próprios negócios.

Acredito que a pesquisa e seus resultados apenas reforçam os conceitos que incluo neste livro. A postura adotada pelos milionários americanos pode ser estendida a qualquer lugar do mundo moderno. Não são atitudes e características que só dão certo na terra do "sonho americano".

Países com uma economia suficientemente dinâmica irão premiar com o sucesso financeiro os que adotarem uma postura de vida equilibrada, com bom preparo e dedicação ao trabalho, com objetivos definidos para o futuro, que vivam abaixo de suas possibilidades materiais, persistentes e disciplinados. Não existem milagres.

A pesquisa abordada ao longo deste capítulo mostra que os 20% dos milionários americanos ricos por herança são os que possuem as defesas mais vulneráveis. Talvez, por serem ricos de berço, não possuam o mesmo grau de disciplina daqueles que construíram seu próprio sucesso e, conseqüentemente, têm uma clara visão do valor do que conseguiram conquistar. É a velha lenda de pai empreendedor, filho gastador e neto pobre.

Capítulo V

A diferença entre dizer e fazer: persistência e disciplina

Se perguntarmos às pessoas quais são seus objetivos financeiros, receberemos como resposta que todos ou quase todos pretendem melhorar de vida. Gostariam de poder se aposentar com uma situação estável para desfrutar uma velhice confortável, gostariam de possuir uma situação financeira mais tranqüila. As respostas apontariam em uma única direção: a do acúmulo de bens com vistas a uma qualidade de vida superior.

Mas apenas uma minoria consegue atingir este objetivo. Por que será?

As razões são várias.

Para começar, as posições que permitem obter uma remuneração acima da média são em menor número, as que permitem uma remuneração excelente ou excepcional são muito poucas.

Trabalhei durante muitos anos em uma grande distribuidora de petróleo. A empresa tinha cerca de 1.700 empregados. Neste total existiam uma posição de presidente, duas de vice-presidente e cinco de diretores. A princípio estas eram as oito posições que permitiam remunerações excepcionais — acima de R$ 250.000 anuais. Além destas posições, no topo da pirâmide, existiam mais umas 30 que possibilitavam um nível de rendimento excelente — entre R$ 150.000 e R$ 250.000 anuais. No nível de remuneração muito boa — entre R$ 80.000 e R$ 150.000 anuais —, existiam mais umas 100 posições. Está conseguindo visualizar a pirâmide? Apenas 0,5% dos funcionários se classificaria como donos de um ataque excepcional, quase 2% teriam um ataque excelente e cerca de 6% um muito bom. Cerca de 90% dos funcionários, portanto, estariam abaixo destas categorias. Diria que esta amostra da empresa na qual trabalhei é bastante próxima da realidade da sociedade como um todo.

Em nosso país, a maior parte da população está enquadrada no que chamei de "ataque insuficiente" — até o equivalente a R$ 12.000 de renda familial anual. Para esta parcela o sonho da independência financeira está muito distante de se tornar realidade, na verdade brigam para viver com um mínimo de dignidade.

O fato de poucos possuírem um ataque de qualidade superior reforça muito a importância de se ter uma excelente defesa e táticas de jogo bem-definidas.

Boa parte das pessoas que pertencem à classe média não dá à sua defesa a importância que ela merece.

Quando se fala em acumular patrimônio, este tem que ser um objetivo familiar. Se o casal adotar as posturas de vida que fazem os bem-sucedidos, as coisas podem acontecer. Mas se um dos parceiros for consumista, viciado em corridas de cavalo ou em jogos de azar, as coisas ficam muito mais difíceis. Volto a dizer que não é preciso ser pão-duro ou deixar de usufruir os prazeres da vida para ter sucesso financeiro. O segredo é dosar as despesas de modo justo, sem exageros, principalmente nos itens que exercem maior impacto em seu orçamento.

Eis uma grande diferença entre o dizer e o fazer. Quando alguém diz que gostaria de ficar bem de vida, não está fixando um objetivo concreto. Ficar rico é uma coisa vaga, difusa. Se você está realmente comprometido com o objetivo da independência financeira, precisa estabelecer metas claras em termos numéricos e fixar prazos. Metas sem valores quantificados e datas preestabelecidas são, apenas, uma demonstração de interesse.

Poderíamos classificar as pessoas em três categorias: as boas de dinheiro (BD), as normais de dinheiro (ND) e as ruins de dinheiro (RD). As pessoas boas de dinheiro são aquelas que são bem-sucedidas na *arte* de acumular patrimônio, elas conseguem poupar mais do que outras situadas na mesma faixa de renda e aplicam seu dinheiro com resultados acima da média. As pessoas normais de dinheiro são as que conseguem poupar alguma coisa e aplicam seus recursos de modo conservador. As ruins de dinheiro são exatamente isto: "ruins de dinheiro", não poupam ou poupam muito pouco e investem mal o pouco que conseguem juntar.

UM EXEMPLO APENAS PARA VISUALIZAÇÃO

Vamos imaginar três famílias. Todos os casais têm o mesmo patamar de idade — 52 anos —, começaram suas carreiras profissionais aos 22 anos — três décadas de atividade profissional. Imaginemos ainda que a evolução das carreiras profissionais e dos ganhos foi a mesma para as três famílias e que elas se distinguiram em sua capacidade de poupança. Após muitos anos de trabalho, passaram a pertencer à classe média superior, com uma renda familiar anual de R$ 90.000.

As três famílias tiveram, portanto, ataques absolutamente iguais. Foram capazes de ganhar a mesma coisa em 30 anos.

É bom deixar claro que nenhuma das famílias começou a vida ganhando R$ 90 mil por ano. Começaram ganhando muito menos, algo como R$ 20 mil anuais. A renda anual foi se elevando aos poucos, acompanhando a ascensão profissional dos integrantes da família.

Para efeito dos números apresentados a seguir, assumimos que a renda cresceu 8,5% ao ano até atingir o patamar de R$ 90 mil anuais. Quem se der ao trabalho de fazer alguma conta, verá que o crescimento da renda das três famílias ao longo dos anos é perfeitamente possível de ser atingida.

Qual o efeito prático do resultado das diferentes defesas? Veja a tabela a seguir:

Períodos	BD – poupança anual média	ND – poupança anual média	RD – poupança anual média
Anos 1 a 10	10% – R$ 2.964	5% – R$ 1.482	0% – R$ zero
Anos 11 a 20	12% – R$ 7.982	7% – R$ 4.656	0% – R$ zero
Após ano 20	15% – R$ 13.500	10% – R$ 9.000	5% – R$ 4.500

A família boa de dinheiro se preocupou, desde o início, com suas metas de longo prazo e estabeleceu um programa de poupança agressivo. A família normal de dinheiro estabeleceu um programa de poupança menos agressivo, enquanto a família ruim de dinheiro só se julgou em condições de começar a poupar alguma coisa a partir do vigésimo ano de carreira, quando já ganhava R$ 90 mil anuais.

Vamos adicionar outro ingrediente. Além das diferenças na qualidade das defesas, cada uma das famílias obteve resultados distintos na aplicação de seus recursos. A família boa de dinheiro dedicou tempo para aperfeiçoar suas táticas e conseguiu rendimentos reais de 15% ao ano, enquanto a das outras duas categorias ficaram com 10% (normal de dinheiro) e 6% (ruim de dinheiro) ao ano, respectivamente.

Muito bem, com essas premissas estabelecidas, qual o valor acumulado por cada família depois de 30 anos?

Qual o efeito acumulado de diferentes defesas e táticas? Veja a tabela a seguir:

Família	Patrimônio em R$
Boa de dinheiro	2.058.000
Normal de dinheiro	519.500
Ruim de dinheiro	61.000

As diferenças observadas são dramáticas. A família boa de dinheiro alcançou sua independência financeira. O valor que precisaria acumular para gastar R$ 90 mil anuais, na hipótese mais conservadora, de 6% ao ano de rendimento sobre o patrimônio acumulado, seria o equivalente a R$ 1.500.000. Ela superou esta meta. Conseguiu acumular quatro vezes mais patrimônio do que a família normal de dinheiro. Com relação à família ruim de dinheiro, é melhor nem comentar nada, os números falam por si.

UMA FAMÍLIA DE CLASSE MÉDIA COMPRA O EXCLUSIVO TÍTULO DO CLUBE DOS MILIONÁRIOS

Outro ponto importantíssimo: a família boa de dinheiro ingressou no seleto clube de milionários quando os membros do casal tinham 49 anos de idade.

Mantidos o mesmo ritmo e a mesma postura de vida, quanto será que terão acumulado quando chegarem aos 62 anos e resolverem se aposentar? Em mais 10 anos pulariam de um patrimônio acumulado de R$ 2.058.000 para um de R$ 7.200.000, mesmo parando de poupar os R$ 18.000 anuais. É provável, entretanto, que não chegassem aos R$ 7 milhões, pois já estariam em condições de elevar seu padrão de vida, mas seguramente veriam seu patrimônio continuar crescendo nos próximos 10 anos, enquanto desfrutariam uma qualidade de vida cada vez mais elevada.

Notem que as rendas anuais utilizadas ao longo de 30 anos não fazem parte dos ataques classificados como excelentes ou excepcionais. As famílias do exemplo atingiram a faixa de um ataque muito bom — de R$ 80.000 a R$ 150.000 anuais — apenas 20 anos após iniciarem suas carreiras profissionais. Ou seja, não são pessoas extraordinárias, não ganharam na loteria, não receberam heranças. Na verdade, são famílias iguais a milhares de outras, que começaram sua vida profissional com um ganho anual situado na fronteira entre um ataque sofrível e um médio, do ponto de vista de acumulação de riqueza. A família boa de dinheiro sempre foi de classe média e, mesmo assim, tornou-se milionária.

Os bons de dinheiro provavelmente concordarão com afirmações como a de que dedicam muito tempo para planejar seu futuro financeiro ou a de que possuem tempo suficiente para acompanhar seus investimentos.

Já os ruins de dinheiro falarão frases do tipo: "Nossas carreiras tomam todo nosso tempo", "Estamos muito ocupados para perder tempo com planejamento financeiro" ou ainda "Quanto mais ganhamos, menos o dinheiro parece sobrar".

Fica muito clara a diferença de postura. As frases dos ruins de dinheiro me lembram comentários que ouvi quando estava divulgando meu segundo livro. Um dos mandamentos para a saúde financeira é não cometer erros primários, como comprar a prazo quando se pode comprar a vista, viver pendurado no cheque especial etc. Lembro-me de um jornalista que me disse ter sido reprovado logo no primeiro mandamento, pois cometia todos aqueles erros. Não sei qual é a qualidade do ataque dele e de sua situação de renda familiar, mas imagino que um jornalista formado há cerca de 10 anos, cuja mulher também trabalha, deva ter um ataque, pelo menos, de média qualidade — entre R$ 20 mil e R$ 40 mil anuais de renda. Provavelmente, lhe falta um pouco mais de cuidado com a defesa e com o planejamento.

Vamos supor que você esteja pensando: "O Zaremba apresentou casos de evolução de patrimônio de garotos de vinte e poucos anos que começaram seu programa de investimento cedo, e eu estou com 35, 40 ou 45 anos. No meu caso, se eu reformulasse minha postura de vida e começasse um programa agressivo de poupança e passasse a cuidar bem do meu dinheiro, quanto conseguiria juntar em cerca de 20 anos?"

Vamos ver. Caso seu ataque se enquadre nos mesmos níveis do utilizado para o exemplo de nossas três famílias, sua renda familiar aos 35 anos de idade deveria ser de R$ 58.000, aos 40 anos de idade de R$ 87.000 e se tiver 45, sua família já teria alcançado o patamar de noventa mil anuais.

Os números que verá adiante consideram que você conseguiria aplicar seu dinheiro a 12% ao ano, o que já é uma taxa excelente para quem não fazia um esforço consistente de investimento. Estabeleceu-se ainda que seu esforço de poupança seria o seguinte:

Períodos	Nível de poupança
Anos 1 a 2	10%
Anos 3 a 10	12%
Anos 11 a 25	15%

Qual o patrimônio acumulado que você, que estaria começando seu esforço mais tarde, poderia esperar atingir aos 50, 55 ou 60 anos de idade?

Início programa	Posição aos 50 anos	Posição aos 55 anos	Posição aos 60 anos
aos 35 anos	409.000	806.500	1.598.000
aos 40 anos	217.000	468.000	964.000
aos 45 anos	81.500	215.000	493.000

Que conclusões você tira dos números apresentados acima e daqueles apresentados anteriormente neste capítulo?

CONCLUSÃO 1 — Quanto mais cedo começamos nosso programa de poupança, melhor. Óbvio, não? O poder de acumulação de juros compostos ou valorizações sucessivas sobre uma base cada vez maior é muito grande. Além disto, se você começa cedo a se envolver com aplicações financeiras, suas chances de passar a ter maior conhecimento do mercado aumentam e, conseqüentemente, aumentam suas chances de obter os 15% de resultado real ao ano sobre seus investimentos. Você deve lembrar que a família boa de dinheiro, que começou seu programa de poupança aos 22 anos de idade, aos 52 tinha R$ 2.058.000 e aos 62 poderia ter mais de R$ 7 milhões.

CONCLUSÃO 2 — Se você começar seu programa de poupança aos 35 anos, ainda poderá tornar-se um milionário antes dos 60 anos de idade.

CONCLUSÃO 3 — Embora não apareça na tabela, se começar seu plano de poupança e investimento aos 40 poderá estar milionário aos 61. O que estes números indicam? Indicam que, mesmo se você começar seu plano de investimento mais tarde, ainda há tempo para se alcançar resultados significativos, não tão brilhantes como os dos que começaram mais cedo, mas suficientes para tornar sua velhice mais tranqüila.

Portanto, caso sua família esteja situada na categoria de ataque que assumi para o exemplo, você, mesmo com 35 ou 40 anos, ainda poderá juntar um bom dinheiro até se aposentar aos 60 ou 65 anos.

Juntar ou não um milhão não é o importante. Este valor, como deixei claro na Introdução, é um gancho para discutir o conceito mais amplo da independência financeira. O importante é visar uma qualidade de vida superior que pode ser obtida com bom planejamento, mesmo que você comece este esforço mais tarde do que seria desejável.

É claro que os números apresentados neste capítulo não se aplicam a todas as pessoas, mas o objetivo não foi apresentar casos em que todos se enquadrassem, mas somente demonstrar que pessoas de classe média, com uma carreira de relativo sucesso e comprometidas com o objetivo da independência financeira, podem transformar em realidade o sonho de liberdade e de uma melhor qualidade de vida.

Notem que nas famílias utilizadas como exemplo não existem presidentes, nem sequer diretores de grandes empresas. Uma renda familiar de R$ 90 mil aos 45 anos de idade, poderia, por exemplo, indicar duas pessoas, marido e mulher, cada um deles ganhando um salário de R$ 3.460 mensais — ou um deles ganhando R$ 5.000 e o outro R$ 1.920. São salários muito distantes dos recebidos por executivos situados no topo da pirâmide em suas empresas. Como disse, seriam pessoas de classe média que tiveram relativo sucesso em suas carreiras profissionais.

PERSISTÊNCIA E DISCIPLINA

Aqui reside grande parte da diferença entre dizer e fazer.

A persistência e a disciplina são fundamentais no processo. Por quê? Porque nos primeiros anos os valores acumulados são pequenos e parece que o bolo não está aumentando. É natural que tenhamos momentos de desânimo e fiquemos muito tentados a queimar as reservas de longo prazo em satisfações de curto prazo.

Quando relaciono persistência e disciplina com a capacidade de gerenciarmos nossas vidas a médio e longo prazos, quero enfatizar o conflito que todos vivemos entre satisfações imediatas e possibilidades de satisfações maiores no futuro.

Sou contra este exagero que tomou conta das pessoas em relação a serem magras e deixei isto claro em meu primeiro livro *Você: prioridade nº 1*. Mas guardadas as devidas proporções, a saúde financeira segue os caminhos da saúde física. Não acho razoável que precisemos viver sempre praticando uma dieta de fome para ter uma silhueta impecável. Mas também não precisamos extrapolar e ficar obesos. É perfeitamente possível aproveitar os prazeres de uma boa mesa. Basta adotar uma alimentação equilibrada, sem excessos, e praticar algum tipo de exercício físico regularmente. Alguns dirão: "Quero que se dane", "Quero comer muito e do bom, quanto mais engordativo melhor". É um direito de todos. Mas é bom que saibam: a obesidade e o descaso com a saúde podem encurtar suas vidas em 10 anos ou mais. É bom saber que a atitude consumista, a falta de planejamento e uma defesa escancarada levam, na maioria dos casos, à vida em uma corda bamba financeira, sem rede de proteção.

    A opção é, e continuará sempre sendo, sua. É a famosa e conhecida diferença entre dizer e fazer.

Capítulo VI

A importância de boas táticas de jogo

Falamos em ataque, defesa, disciplina e persistência. Focamos a importância do orçamento familiar, falamos de saldo de gols positivo. Abordamos a diferença entre o dizer e o fazer. É chegada a hora de falar de táticas de jogo.

Muito bem, o que seriam as táticas de jogo? Desenvolvemos nosso ataque, aperfeiçoamos nossa defesa e conseguimos o tão almejado saldo positivo de gols. O saldo de gols nada mais é do que dinheiro que podemos aplicar para obter mais dinheiro ainda.

Aqui entram as táticas de jogo. Trata-se de desenvolver meios para que o dinheiro poupado seja aplicado da melhor maneira, de forma que, ao mesmo tempo em que procuramos proteger o valor poupado, possamos obter elevados níveis de rendimento. Lembrando o título do meu segundo livro, isto é zelar pela forma com que cuidamos do nosso dinheiro.

No capítulo anterior, apresentei um exemplo com três famílias que possuíam um ataque absolutamente igual, defesas mais fechadas do que outras e táticas diferenciadas. Os ataques traziam para casa a mesma quantidade de dinheiro, as defesas, sendo mais ou menos eficientes, geravam maior ou menor saldo positivo de gols e as táticas geravam mais ou menos recursos sobre os saldos aplicados.

As diferenças foram expressivas. A família boa de dinheiro acumulou um patrimônio quatro vezes superior ao da normal de dinheiro. Contra a família ruim de dinheiro a diferença foi simplesmente enorme. As diferenças se acentuaram em função da presença simultânea de diferentes níveis de poupança e de rendimento nas aplicações.

Agora vamos usar outro exemplo, no sentido de isolarmos o efeito apenas causado pela tática de jogo. Vamos assumir que tenhamos várias famílias com as mesmas características apresentadas pela família boa de dinheiro do capítulo anterior.

Seria interessante relembrar estas características:

Famílias de classe média superior com renda anual na casa dos R$ 90.000. Todos os casais têm o mesmo patamar de idade, estão com 52 anos. Começaram suas carreiras profissionais aos 22 anos, ganhando R$ 20.000 anuais. Todas pouparam os seguintes valores ao longo do tempo:

A importância de boas táticas de jogo

Períodos	poupança anual média
Anos 1 a 10	10% – R$ 2.964
Anos 11 a 20	12% – R$ 7.982
Após ano 20	15% – R$ 13.500

As famílias de nosso exemplo, portanto, possuem ataques e defesas iguais. Conseguem ganhar e poupar a mesma coisa. A velocidade de crescimento da renda familiar foi exatamente igual, assim como a da capacidade de poupança.

As famílias envolvidas utilizam diferentes táticas de jogo no que diz respeito à forma como investem seu dinheiro. Umas são mais conservadoras do que outras. Vamos imaginar que estamos analisando três famílias diferentes. Pelas táticas que utilizam, os chefes dessas famílias conseguiram os seguintes resultados anuais para seus investimentos:

Família	Retorno anual – %
Conservadora	6
Moderada	10
Agressiva	15

Em função das diferentes formas como administram seus investimentos, os níveis de rendimento apresentam variações sensíveis — de 6% a 15% ao ano. Qual seria o patrimônio de cada uma das famílias depois de 30 anos de carreira profissional?

Família	Patrimônio – R$
Conservadora	506.000
Moderada	906.000
Agressiva	2.058.000

Nota-se claramente a diferença que a boa administração de nossa poupança faz em nossas vidas. A diferença entre os resultados obtidos pelas famílias *Conservadora* e *Moderada* é razoável, mas, à medida que as taxas aumentam, o efeito cumulativo de rendimentos mais altos ano após ano, durante 30 anos, se faz sentir de forma mais marcante. Que tal passar a acompanhar seus investimentos com mais interesse? Que tal cuidar de sua vida futura com mais atenção?

Alguns poderão dizer que com este esforço de poupança as famílias não melhoraram sua qualidade de vida ao longo dos anos em que procuravam construir sua independência financeira. Não é verdade.

Apresento, a seguir, a evolução dos valores disponíveis para serem gastos no caso das famílias de nosso exemplo. É bom lembrar que, ao longo dos anos, à medida que a renda familiar foi aumentando, as famílias também foram aumentando o percentual da renda que separavam para atingir o objetivo da independência financeira e, mesmo assim, puderam elevar seu padrão de vida.

Idade	Valor disponível para gastos mensais – R$
De 22 a 26 anos	1.780
De 27 a 31 anos	2.670
De 32 a 36 anos	3.920
De 37 a 41 anos	5.830
De 42 a 52 anos	6.375

Na faixa de 37 a 41 anos de idade, as famílias de nosso exemplo gastavam mais do triplo em relação a quando iniciaram a vida. Entre 42 e 52 anos gastavam quase quatro vezes mais. Ao mesmo tempo em que elevavam seu padrão de vida construíam um patrimônio significativo.

Os valores disponíveis para gastos poderão ser alterados no decorrer do tempo, à medida que o patrimônio acumulado atingir um nível que permita reforçar a verba para despesas e ainda assim manter sua tendência de crescimento. É uma questão de prioridades pessoais na época em que isto ocorrer. De qualquer forma, é preciso ter um bolo para podermos comer algumas fatias. O único jeito de ter um bolo confeitado com dinheiro amanhã é fazer algum tipo de sacrifício hoje.

Mais importante do que os números das diversas tabelas apresentadas neste capítulo são os recados que esses números nos dão:

- é possível poupar cada vez mais e, ao mesmo tempo, aumentar gradativamente o padrão de vida, desde que se tenha uma carreira ascendente, fato normal de se esperar em pessoas qualificadas e esforçadas;
- o cuidado com que aplicamos o nosso dinheiro faz uma diferença sensível a longo prazo;

- não é fácil, mas é perfeitamente possível para pessoas de classe média e média superior atingir, e superar, a meta *inatingível* de acumular o equivalente a um milhão de dólares.

É sempre bom lembrar que existem coisas mais importantes na vida do que dinheiro e que ele em si não representa muita coisa, a menos que saibamos utilizá-lo com equilíbrio e sabedoria. Nunca é demais lembrar que o dinheiro é um meio para se obter alguma coisa e não um fim em si mesmo.

Capítulo VII

Aprofundando a discussão sobre táticas de jogo

Neste capítulo discutiremos as diferentes táticas de jogo que podem ser utilizadas para ganhar o jogo da independência financeira. Ao discutirmos táticas, estamos considerando que a pessoa conseguiu se estruturar em termos de ataque e defesa e gerar poupança disponível para investir. Este já é um passo importante. Uma família que gera poupança dá uma forte indicação de que vem caminhando no sentido de harmonizar ataque, defesa e planejamento financeiro.

No capítulo anterior classificamos os investidores em três grupos:

- **Conservadores**: seriam os que limitam a aplicação do seu saldo positivo de gols em caderneta de poupança ou em renda fixa.
- **Moderados**: acompanham seus investimentos e possuem um perfil de risco moderado. Não gostam de assumir riscos elevados, mas estão dispostos a aplicar parte de seus recursos em renda variável.
- **Agressivos**: seriam aqueles que acompanham seus investimentos e possuem um perfil de risco agressivo. Estão dispostos a assumir maiores riscos para alcançar uma rentabilidade acima da média do mercado.

TÁTICA NÚMERO 1: SEJA UM INVESTIDOR ATIVO

No livro *Cuidando do seu dinheiro* deixo claro que colocar todo o seu dinheiro em caderneta de poupança não é uma tática adequada. Extremamente defensiva, não garante resultados acima da média para seus recursos.

Creio que a falta de iniciativa adotada pelo investidor conservador conduz a táticas de qualidade inferior, ou mesmo à falta delas, o que pouco contribui para ajudá-lo a atingir seu alvo de independência financeira. Na verdade, seria uma pena que os esforços de poupança e de planejamento fossem prejudicados pela adoção de táticas fracas ou pela falta de qualquer tática de jogo.

Vamos partir, portanto, do princípio que qualquer pessoa dotada de bom senso, e com o objetivo de ser financeiramente independente, será um investidor ativo.

Ser um investidor ativo não significa cuidar diretamente de todas as operações financeiras que realizar. Mas o investidor está ciente de que precisa devotar atenção à sua poupança, definir alternativas de aplicação, acompanhar resultados, cobrar *performance* dos fundos de investimento em que tiver recursos. Enfim, precisa cuidar do seu dinheiro de uma forma organizada e planejada.

TÁTICA NÚMERO 2: DEFINA SEU PERFIL DE RISCO

Por que diferenciar os investidores em termos de risco conservador, moderado e agressivo?

Ora, antes de sermos investidores, somos pessoas. Cada um de nós possui características quanto a níveis de risco que está disposto a assumir. Alguns não se incomodam em arriscar para poder ganhar mais, outros sim.

As denominações *conservador*, *moderado* e *agressivo* tornaram-se quase padrões no mercado para indicar a personalidade de um investidor. Tanto assim que fundos de investimento adotam estas denominações em seus produtos.

Em que categoria você se enquadra? Em função de sua percepção quanto a riscos, poderá adotar um plano de diversificação de investimentos que atenda melhor à sua personalidade.

Mesmo os investidores mais conservadores deveriam aplicar uma pequena parte de seus recursos em ativos de risco, porque a longo prazo possuem fortes possibilidades de gerar resultados superiores aos de renda fixa. É claro que as parcelas a serem distribuídas entre os diversos tipos de ativos irão variar de acordo com sua percepção de risco, com o valor de suas aplicações e com sua experiência acumulada como investidor.

TÁTICA NÚMERO 3: DIVERSIFIQUE SUAS APLICAÇÕES

A célebre dica de não colocar todos os ovos em uma mesma cesta continua valendo. Ao diversificar suas aplicações, de forma inteligente, você estará diluindo seus riscos e, ao mesmo tempo, estará colocando parcelas de seus ativos em diferentes mercados.

Atenção com a diversificação burra. Diversificar demais geralmente é contraproducente. Vamos imaginar um exemplo apenas para caracterizar o que estou falando. Um investidor resolve destinar 35% de seus recursos a uma carteira de ações. Como não conhece bem o mercado e ouviu falar na importância de diversificar, compra cotas de 30 fundos de investimento ou pequenas quantidades de ações de 50 empresas diferentes. Ao diversificar desta maneira, nosso investidor estará certamente comprando cotas de fundos menos produtivos do que os líderes do mercado no conceito de qualidade de gestão. Estará certamente comprando ações de empresas mal-administradas e com potencial de valorização restrito ou até negativo. Além disto, ele não terá meios de acompanhar de modo efetivo a *performance* de todas as posições que compõem sua carteira de ações. Ao cair nesta armadilha, estará, sem perceber, adotando a postura de um investidor desligado.

Apresento a seguir uma tabela com uma visão simplificada de alocação de recursos de acordo com seu perfil de risco e o tamanho de seu patrimônio:

	PEQUENO	MÉDIO	GRANDE
CONSERVADOR			
Renda Fixa	100	80	70
Derivativos	–	10	15
Ações	–	10	15
MODERADO			
Renda Fixa	60	55	50
Derivativos	20	20	25
Ações	20	25	25
AGRESSIVO			
Renda Fixa	45	40	35
Derivativos	25	30	30
Ações	30	30	35

Em termos de porte de patrimônio, estou considerando o seguinte critério:

Pequeno — abaixo de R$ 50.000
Médio — entre R$ 50.000 e R$ 200.000
Grande — acima de R$ 200.000

Façamos a combinação da tabela de risco com o porte do investidor. No caso do investidor de médio porte com uma percepção moderada ao risco, temos a seguinte alocação de patrimônio: 55% fundos de renda fixa; 20% fundos de derivativos e 25% fundos de ações ou carteira livre.

Os investidores avessos ao risco — conservadores — estarão mais concentrados em instrumentos de renda fixa. Aqueles neutros ao risco — moderados — distribuirão com maior equilíbrio seus recursos entre renda fixa, derivativos e ações. Finalmente, os receptivos ao risco estarão menos concentrados em renda fixa e colocarão mais recursos nos mercados de risco.

Não pode ser estática a tabela sugerindo os percentuais de alocação aos diferentes tipos principais de ativos. Existirão momentos de turbulência em que se deve adotar cautela maior. Cabe ao investidor estar atento e fazer os ajustes necessários, quando a época lhe parecer oportuna.

Repare que, mesmo no caso do investidor agressivo de grande porte, recomendo que seja mantida uma parcela dos recursos em renda fixa.

TÁTICA NÚMERO 4: SELECIONE BEM SEUS ASSESSORES DE INVESTIMENTOS

Acredito que a maior parte dos investidores deva fazer suas aplicações por intermédio dos fundos de investimento. Por quê?

Primeiro porque o investidor médio não possui o tempo, o conhecimento ou o porte para tirar proveito das possibilidades que o mercado pode oferecer. Segundo, porque, ao escolher seus fundos, estará selecionando seus assessores financeiros, e é mais fácil selecionar e acompanhar os resultados de três ou quatro fundos de ações do que os de 15 ou 20 empresas. Terceiro, porque, para o investidor comum, a burocracia e os controles necessários para operar diretamente seriam muito mais trabalhosos, sem a garantia de resultados superiores.

Temos três grandes famílias de fundos: de renda fixa, derivativos e ações. Quanto maior o risco do tipo de ativo gerido pelo fundo, maior deve ser sua atenção ao efetuar sua escolha. As diferenças de rentabilidade entre os fundos de renda fixa são relativamente pequenas, embora não devam ser ignoradas. Lembre-se sempre do efeito cumulativo das pequenas diferenças. As diferenças de rentabilidade entre os fundos de derivativos já são bem mais acentuadas e podem levar à perda total do patrimônio quando os gestores dos fundos alavancam as apostas na ponta errada. As diferenças de valorização entre os fundos de ações são enormes e dramáticas.

Ao escolher os fundos nos quais pretende aplicar seu dinheiro, você estará tomando uma decisão de alcance bem mais amplo. Você não estará simplesmente comprando cotas de um fundo. Você estará contratando seus assessores de investimentos.

É sempre bom lembrar que, por trás de um fundo, está uma equipe de gestão. São os administradores do fundo; eles é que vão tomar as decisões sobre os investimentos que o fundo fará. Caberá a eles a responsabilidade pelo sucesso ou não de suas aplicações.

Muitos investidores escolhem seus fundos de investimento sem fazer um estudo prévio das alternativas existentes no mercado. Este é um excelente caminho para se escolher os fundos errados. As conseqüências deste erro podem ser muito importantes a médio prazo.

Antes de escolher um fundo, recomendo, preferencialmente, um mínimo de dois e um máximo de cinco em cada categoria. Deve-se fazer um estudo criterioso. Alguns elementos a serem observados:

- Há quanto tempo o fundo atua no mercado?
- Qual o seu perfil de risco?

- Qual o seu histórico de *performance*?
- Qual a sua rentabilidade real (acima da inflação) nos últimos 12, 24, 36, 48 e 60 meses?
- Qual a taxa de administração?
- Qual o valor mínimo de investimento aceito?
- Qual o nível de comunicação que o fundo mantém com seus quotistas? Ele é transparente, ou uma *caixa-preta*?
- O fundo segue uma filosofia de investimento definida? Você concorda com esta filosofia?
- Qual a composição da carteira do fundo?

Um dos piores erros que você pode cometer é escolher fundos e assessores de investimentos na base do "uni-duni-tê". Para conseguir os dados necessários, consulte os jornais especializados em economia — no caso de nosso país, recomendo a *Gazeta Mercantil*, que possui uma boa seção informativa sobre fundos de investimentos. Na *Gazeta* você poderá encontrar, entre outros dados, a rentabilidade acumulada no ano, o patrimônio, a taxa de administração e o grau de volatilidade dos fundos.

Outro ponto importante é o da necessidade de, periodicamente, avaliar a qualidade de trabalho de seus assessores de investimentos. Recomendo uma revisão anual de seus assessores. Você poderá chegar à conclusão de que está tudo bem e não precisa mudar nada, ou que precisa trocar um ou mais fundos que façam parte de suas posições. Pode ainda concluir que não precisa trocar de fundos, mas que é conveniente reforçar a posição de alguns em detrimento de outros. Enfim, é necessário manter o comportamento comum a um investidor ativo, que acompanha seus investimentos, corrige falhas e reforça posições vencedoras.

Para realizar estas revisões anuais, recomendo ao leitor que compre a *Gazeta Mercantil* relativa aos últimos dias do ano. Compare o rendimento anual acumulado dos fundos em que aplicou e dos demais, verifique a evolução do patrimônio. Acumule o resultado deste ano com os obtidos nos anos anteriores. Como está a posição relativa de seus assessores de investimento? Seus fundos continuam ocupando uma posição de relativo destaque no *ranking*? Como está a rentabilidade acumulada contra a inflação? Qual o rendimento real que eles estão lhe proporcionando? Lembre-se de que no caso de fundos de ações o horizonte de análise deve ser sempre mais longo. Tomar decisões com base em resultados de apenas um ano pode ocasionar erros de análise.

A escolha dos fundos nos quais vai investir trará conseqüências sérias para seu futuro financeiro. Não aplique nos fundos do seu banco só porque o gerente da agência lhe pediu. Quase sempre os melhores fundos não pertencem ao banco da esquina. Vale a pena pesquisar um pouco antes de definir o nome de seus assessores financeiros. A diferença será sentida em números concretos alguns anos mais tarde. Esta é uma tarefa importante que muitos relegam a segundo plano. Cometem um grande erro. Não caia nesta armadilha.

TÁTICA NÚMERO 5: UM PASSO DE CADA VEZ

Quando começamos nosso programa de investimento não temos muito dinheiro. Pode ser, inclusive, que não possamos aplicar recursos em alguns fundos que julgamos os melhores em suas categorias. Este fato não deve desanimá-lo.

Se for necessário, vá aplicando seus recursos em outros fundos de boa qualidade, mas não entre os três ou quatro melhores de acordo com suas análises. Tão logo possua poder de fogo para atender aos valores mínimos de aplicação exigidos pelos fundos líderes, em qualidade de gestão, transfira seus recursos para eles.

Nunca sinta remorsos por mudar de posição. Se um fundo não está lhe trazendo os resultados esperados, não pense duas vezes em retirar seus recursos do mesmo e canalizá-los a fundos com qualidade de gestão comprovadamente superiores. Lembre-se sempre de que o dinheiro é seu, você é o maior interessado em vê-lo crescer.

Quando você estiver realizando suas análises vai reparar que muitos fundos de investimento existem há pouco tempo. Eles não possuem um histórico de resultados. Em nome da prudência, principalmente com fundos de derivativos e de ações, não recomendo que você coloque seus recursos em fundos sem *performance* comprovada. No caso de fundos de derivativos, diria que precisam um mínimo de 12 meses de resultados comprovados para que um investidor possa confiar neles. No caso de fundos de ações, sou ainda mais rigoroso. Um fundo deve ter um mínimo de três anos de resultados comprovados para merecer sua atenção. Isto não significa que os fundos novos não sejam bem geridos. Certamente alguns deles serão bons fundos, mas, como os mercados de risco oferecem surpresas tanto agradáveis quanto desagradáveis, acho preferível ser mais conservador e dar uma de São Tomé: "Ver para crer."

TÁTICA NÚMERO 6: ESTABELEÇA UMA ROTINA DE ACOMPANHAMENTO DE SUAS APLICAÇÕES

Diz um velho ditado: "O olho do dono é que engorda o gado." No nosso caso, o olho do dono engorda o dinheiro. Sugiro a todos que estabeleçam uma rotina de acompanhamento de seus investimentos. Para tanto, deve-se observar os seguintes pontos básicos:

- escolha um índice de preços para poder acompanhar resultados reais de suas aplicações;
- desenvolva uma tabela periódica para análise;
- mantenha-se informado sobre os principais eventos do mercado financeiro e, principalmente, sobre suas posições específicas — fundos, empresas etc.

A escolha de um índice de preços é importante para permitir a avaliação de resultados reais, para que se fuja da ilusão dos chamados juros nominais. É importante que saibamos: o que nos interessa é o crescimento real de nosso *bolo*. O juro ou a valorização nominal não são importantes. Nas épocas de inflação alta, as pessoas enchiam a boca para dizer que tinham ganho 20% naquele mês na caderneta de poupança. Grande burrice. Os 20% eram um número grande que nada significava. Se a inflação no mesmo mês tivesse sido de 20% o juro real teria sido zero e, pior ainda, se tivesse superado os 20% o juro real teria sido negativo.

A tabela para análise nada mais é do que uma relação com as diversas posições e seus valores em diferentes oportunidades. Por ela você poderá saber exatamente qual o peso relativo de cada ativo, como anda sua carteira total, quais têm sido os resultados reais e identificar possíveis alterações de rumo.

Com relação a manter-se atualizado, gostaria de ressaltar que informações só são úteis à medida que puderem ser utilizadas na prática. O fato de ler vários jornais, revistas especializadas, ou navegar na Internet horas incansáveis poderá lhe causar excesso de informação, perda de tempo e pouca melhora em seus resultados práticos como investidor.

Concentre seu foco no que realmente lhe interessa. Em primeiro lugar, vêm as informações diretas sobre suas posições, dados sobre empresas das quais seja acionista, fundos de investimento dos quais seja quotista. Em segundo lugar, vêm as informações sobre posições em perspectiva; aquelas empresas que você já vem acompanhando com objetivo de tornar-se sócio, aqueles fundos que vêm lhe causando boa impressão e que gostaria de analisar com mais detalhe. Em terceiro lugar, vêm as informações que possam afetar a *performance* de setores econômicos nos quais você tenha interesse. Depois vem o resto.

Se você é acionista da empresa A, concentre mais atenção sobre as notícias relativas a seu último resultado trimestral ou sobre seus planos de expansão do que sobre uma notícia a respeito da política econômica da Indonésia.

Ao estar monitorando resultados e informado sobre os eventos que afetam suas principais posições, você estará em melhor condição de discutir inteligentemente com seus assessores de investimentos — gestores dos fundos — e decidir com racionalidade sobre suas aplicações.

TÁTICA NÚMERO 7: EVITE DEIXAR-SE LEVAR PELAS EMOÇÕES

Dinheiro e paixão pode ser uma combinação perigosa. Esta é outra vantagem de operar por intermédio de fundos geridos profissionalmente. Em minha opinião, uma das piores coisas que alguém pode fazer é ir diariamente à corretora e ficar acompanhando o pregão da bolsa, dando ordens de compra e venda a cada meia hora. No calor dos acontecimentos podemos adotar posturas irracionais. Compramos porque achamos que vai subir e vendemos porque achamos que vai cair. Tomar decisões de investimento porque "achamos" alguma coisa não me parece muito correto.

Além do mais, como vimos, a independência financeira é construída a longo prazo. Encaro o plano de investimento da mesma forma. Investir em ações, por exemplo, não significa a mesma coisa que aplicar na bolsa. Investir em ações, na realidade, significa ser sócio de um negócio. Um negócio não fica bom ou ruim em questão de minutos ou de horas. A variação do preço de uma ação em questão de minutos, horas ou dias, portanto, dificilmente tem a ver com mudanças na qualidade do negócio que ela representa. Não concordo que seja necessário ficarmos mudando de posição constantemente para podermos ter lucros no mercado acionário. Ao contrário, sou defensor da tese de investir bom tempo na pesquisa de boas empresas ou fundos de ações para comprar as ações ou as cotas a um preço que incorpore um bom desconto. O correto é acompanhar a evolução do negócio e só vender as ações ou cotas quando atingirem um patamar de preço que justifique a venda. Este processo pode levar vários anos.

Trate de manter o foco principal. Deixar-se levar pela ganância, pelos humores do mercado de curto prazo nem sempre contribui para atingir seu principal objetivo: a independência financeira.

Se formos guiados pela ganância, podemos concentrar mais ativos em um mercado que já está próximo da saturação. Podemos nos surpreender perdendo, do que ganhando mais dinheiro.

Um conhecido me dizia outro dia que nos últimos dois meses havia ganho cerca de 10% ao mês operando no mercado de opções na bolsa de valores. Neste mesmo período, com a bolsa em alta, eu havia conseguido uma rentabilidade equivalente à metade da que ele atingiu. Naquele momento, tinha 20% de meu patrimônio investido em empresas negociadas em bolsa. Além disto, não opero com o mercado de opções, mas apenas com o mercado à vista, por intermédio de fundos de investimento e de uma carteira própria. Embora não tenha igualado sua *performance* nos dois meses em questão, não me senti nem um pouco preocupado ou invejoso. Continuo fiel a meu plano de investimento e a minhas táticas de longo prazo: diversificação inteligente, boa seleção de assessores de investimento, alvos de rentabilidade agressivos, porém realísticos, e, principalmente, sustentáveis a longo prazo. É preferível ganhar 15% ou 20% reais ao ano, todos os anos, do que ganhar 30% um ano, perder 20% no ano seguinte, ganhar 40% no outro, voltar a perder e assim sucessivamente. É o que eu chamo de consistência de resultados, lastreada em uma filosofia de investimento perfeitamente clara e a mais independente possível dos humores do mercado a curto prazo.

TÁTICA NÚMERO 8: PRESERVE SUA LIQUIDEZ — IMÓVEIS

Uma regra básica para qualquer investidor é preservar sempre um colchão de liquidez. Uma margem de segurança para evitar a obrigação de desfazer-se de posições em momentos de aperto financeiro.

Ao falar em preservar liquidez, entramos em uma área que propicia citar um setor que atrai alguns investidores de porte mais expressivo: o ramo imobiliário.

Normalmente os ativos imobiliários estão mais associados à idéia de preservar o principal investido, ter a segurança de um bem de raiz e usufruir de eventual valorização de médio e longo prazos e/ou fluxo de aluguéis.

Não tenho nada contra investir em imóveis, embora não seja um setor que me atraia muito. As táticas para aplicar em imóveis seriam:

- Preserve sua liquidez. Nada pior que ser obrigado a vender um apartamento ou uma sala comercial na hora de uma dor-de-barriga financeira. Você poderá ser levado a aceitar uma proposta de preço 20%, ou mais, abaixo do valor justo de mercado, e ainda ter que pagar a comissão do corretor. Nestas circunstâncias, é quase certo que você perderá dinheiro. Portanto, faça sempre suas contas direitinho. O preferível é que você já possua uma base financeira razoável antes de se amarrar em investimentos com menor nível de liquidez.

- Adote em seus investimentos imobiliários o mesmo critério de aferição de resultados das aplicações financeiras. Utilize o conceito de custo de oportunidade. Ao investir em um imóvel você deixará de aplicar em, por exemplo, um bom fundo de renda fixa. Assim, para ser compensador, seu investimento imobiliário tem que gerar uma valorização superior aos juros que receberia em aplicações de renda fixa. Lembre-se sempre de que o saque de suas cotas do fundo poderá ser automaticamente realizado nas datas de vencimento. Já o recebimento do valor da venda do imóvel dependerá da velocidade de comercialização do mesmo.
- Considere sempre que o imóvel carrega alguns custos, como: imposto predial, taxas de condomínio e despesas de conservação.
- Procure imóveis sempre em bairros emergentes, com elevado potencial de valorização a médio prazo.
- Se possível, faça suas aquisições por intermédio de grupos fechados, para eliminar custos de propaganda e de incorporação.
- Pechinche. É isto mesmo, pechinche. Aperte o vendedor o máximo que puder. Como você está investindo, e não comprando para morar, só feche negócio quando o preço for atrativo. Novamente, não sinta remorso por pagar menos que o valor justo. No dia em que for vender, esteja certo de que vão fazer a mesma coisa com você.

TÁTICA NÚMERO 9: SIGA SUA ESTRATÉGIA DE INVESTIMENTOS

O que vem a ser uma estratégia de investimento? Nada mais do que a soma de suas táticas.

Uma vez estabelecidas as táticas que você considera mais adequadas a seu caso pessoal, definidos os critérios de diversificação, os pesos relativos dos diversos tipos de ativos no total de sua carteira de investimentos, sua postura diante de alternativas de curto e longo prazos, a escolha de seus assessores de investimentos (fundos), a periodicidade e profundidade das avaliações de *performance* mantenha-se fiel às mesmas. Aqui também é preciso disciplina. Haverá momentos em que a tentação para arriscar uma cartada extracurricular será grande. Lembro apenas que se você começar a desviar-se de suas táticas, de sua estratégia de investimento, na realidade voltará a não ter estratégia nenhuma, nem a seguir qualquer tática definida de ação. Caos e desordem não combinam com sucesso financeiro.

Essas seriam as táticas principais e as que considero mais relevantes ao se desenvolver um plano de investimento. Algumas pessoas tendem a complicar as coisas em suas cabeças. Na verdade, não existem grandes complicações. Simplesmente, não aplique dinheiro em coisas que você não é capaz de entender. Procure entender cada vez mais sobre um leque mais amplo de alternativas de investimento.

Estive em um programa de televisão em que me fizeram uma pergunta sobre investimento na engorda de bois. Uma série de empresas vinha fazendo propaganda sobre um investimento garantido e altamente atrativo, com resultados acima de 40% reais ao ano. Minha resposta a esta pergunta seguiu a seguinte linha de raciocínio:

"Em primeiro lugar, gostaria de dizer que não existem investimentos totalmente garantidos, independente do que a propaganda possa dizer. Dinheiro guardado embaixo do colchão pode pegar fogo, ser roubado; a empresa da qual temos ações pode falir; o banco no qual temos nossas aplicações pode quebrar e assim por diante. O boi é um ser vivo, a fazenda onde temos nossas cabeças pode sofrer um surto de uma doença e parte do rebanho morrer. Em segundo lugar, o preço do quilo do boi no matadouro se altera como o preço de qualquer mercadoria. Podemos vender bem ou não o nosso boi, podemos ganhar mais ou menos com o investimento. Em terceiro lugar, eu não entendo nada de boi. Acredito que seja um bom investimento, quando realizado dentro das técnicas corretas e por profissionais competentes. Mas como tenho por premissa só colocar meu dinheiro em coisas que entendo, e não sou pecuarista nem entendo do assunto, boi para mim é bom para churrasco."

Por coincidência, poucos meses depois desta entrevista os jornais divulgaram amplamente as dificuldades pelas quais estaria passando uma das empresas líderes do setor de engorda de bois.

Cuidado com suas opções, mantenha-as simples e de fácil controle. Só aplique seu dinheiro em coisas que entende, com profissionais sérios e com histórico de resultados comprovados.

Se decidir aventurar-se em coisas que não conhece direito, e com parceiros menos conhecidos, saiba que está subindo alguns degraus na escada dos riscos.

As táticas de jogo visam aumentar seu patrimônio o máximo possível, mas, em primeiro lugar, devem preservá-lo de perdas que poderiam ser evitadas. Táticas são definidas e desenvolvidas para serem seguidas e não para enfeitar o quadro-negro do treinador.

Capítulo VIII

Sugestões e dicas práticas

Algumas perguntas e pensamentos que você poderia estar se fazendo a esta altura do campeonato:

- O livro abordou uma série de conceitos relativos ao caminho que leva à independência financeira. Que tal algumas dicas práticas?
- O livro bem que podia dar algumas sugestões sobre onde investir o dinheiro que estou conseguindo poupar para que ele cresça mais depressa.
- É possível conseguir os tais 15% de rendimento real ao ano durante vários anos, ou isto é um sonho inatingível?
- Que resultado eu poderia esperar obter, seguindo as eventuais sugestões que o Zaremba venha a apresentar, de-

pendendo de como distribuísse meu dinheiro entre as diversas alternativas?

Neste capítulo pretendo responder a estas perguntas. Apresentarei algumas sugestões a serem consideradas na composição de sua carteira de investimentos.

Estas sugestões levam em consideração resultados apresentados pelos fundos nos últimos anos. No caso de fundos de ações e de carteira livre, foram examinados os últimos seis anos; nos de renda fixa e derivativos, os últimos três anos. Alguns fundos possuem um histórico que cobre todo o período em questão, outros não.

Em função das alternativas de fundos apresentadas e das diferentes possibilidades de alocação de patrimônio entre os principais ativos, o leitor poderá avaliar os resultados reais atingidos por cada tipo de investidor (conservador, moderado, agressivo) no período de janeiro de 1994 a dezembro de 1999.

Ou seja, se você tivesse colocado seu dinheiro em janeiro de 1994 nos fundos indicados quanto seu bolo teria crescido até dezembro de 1999? É claro que o resultado obtido dependeria da alocação de recursos que fosse feita entre os diversos ativos sugeridos. Diversas simulações serão apresentadas para que você avalie o resultado daquela na qual se sentiria mais confortável em termos de risco e que retrate seu nível de patrimônio.

Portanto, os objetivos deste capítulo cobrem duas áreas:

1. Fornecer aos leitores nomes de alguns fundos que o autor julga atrativos. As sugestões não incluem todos os fun-

dos de boa *performance*, apenas alguns para facilitar meu trabalho. Além disto, as sugestões estão sendo feitas no início do ano 2000. Sugestões e dicas podem mudar ao longo do tempo de acordo com a evolução do resultado e de eventuais mudanças nas equipes ou na filosofia de gestão dos fundos atuantes no mercado.

2. Sedimentar o conceito de diversificação inteligente e permitir ao leitor, através das simulações efetuadas, visualizar os resultados de diferentes posturas de investimento a longo prazo, no caso, seis anos.

Existem muitos fundos de investimento em atividade em nosso país e este número vem crescendo de forma grandiosa. Além disto, eles são grupados em diversas categorias. Nos últimos anos esta é uma indústria que passa por grandes transformações; alguns fundos deixaram de existir, outros mudaram de nome e muitos não existiam no mês ou no ano passado. Fundos fechados, de grande ou pequeno porte. Há uma grande quantidade de gestores, desde grandes bancos de varejo até gestores independentes, sem qualquer vínculo com instituições financeiras.

O parágrafo anterior é importante por deixar claro o grau de dificuldade que o investidor comum encontra para escolher as boas árvores no meio de uma floresta que cresce sem parar e está em constante alteração.

Em que fundos aplicar? Vou tentar responder a esta pergunta. Lembro que as sugestões aqui feitas estão sendo fornecidas no início do ano 2000. Portanto, caberá aos leitores acompanharem a evolução da qualidade de gestão desses fundos nos próximos anos e estar atentos a outros gestores de qualidade que atuem no mercado. Além disto, por questões práticas procurei manter a lista bem pequena, o que significa dizer que existem outros fundos de boa qualidade além dos apresentados adiante.

Um ponto importante: não recebi qualquer benefício das instituições gestoras dos fundos que serão aqui apresentados nem possuo interesse acionário em qualquer uma delas.

No apêndice do livro apresentam-se dados mais completos sobre os resultados de rentabilidade de cada fundo recomendado, bem como sobre a metodologia de cálculo para se chegar aos resultados acumulados de cada simulação. O leitor interessado em examinar mais detalhes poderá recorrer a eles para satisfazer sua curiosidade.

Os fundos que selecionei são os seguintes:

FUNDOS DE RENDA FIXA

— **Fundo BB Premium 60**: trata-se de um dos maiores fundos de renda fixa do país. Administrado pelo Banco do Brasil, iniciou suas atividades, segundo nota contida em tabelas da *Gazeta Mercantil*, em agosto de 1995. Taxa de administração de 1% ao ano.

— **Fundo Pactual High Yield**: trata-se de um fundo de renda fixa administrado pelo Banco Pactual que nasceu como um fundo de 90 dias em 1996, tendo seu ciclo de aplicação sido reduzido posteriormente. Taxa de administração de 1% ao ano.

FUNDOS DE DERIVATIVOS

No caso de fundos de derivativos todo o cuidado é pouco. Creio que os leitores se lembram dos problemas que alguns fundos deste tipo enfrentaram quando ocorreu a desvalorização do real em janeiro de 1999. Fundos administrados pelos Bancos Marka, FonteCindam e Boavista sofreram expressivas perdas por estarem posicionados no que o mercado chama de "ponta errada".

Além disto, o histórico de resultado dos fundos de derivativos é pequeno, pois são relativamente recentes no mercado. Recomendo cautela redobrada e, sempre que possível, que se estabeleça contato pessoal com os gestores do fundo para conhecer o perfil gerencial e de risco dos mesmos.

Em função das observações acima, estarei recomendando apenas um fundo de derivativos, embora existam outros de boa qualidade. A razão de recomendar apenas um fundo é simples: trata-se do único do qual conheço claramente a política de gestão, o perfil de risco e a qualidade dos gestores. O fundo em questão é:

— **Fundo IP GAP Hedge**: fundo de derivativos com perfil moderado de risco, administrado pela Investidor Profissional. Taxa de administração de 2% ao ano.

FUNDOS DE AÇÕES E DE CARTEIRA LIVRE

Nesta categoria de fundos o trabalho é ainda mais difícil para o investidor comum. As diferenças de variação no valor das cotas pode ser dramática. As conseqüências de uma escolha malfeita podem ser grandes, não fazer um acompanhamento periódico da qualidade de gestão de seus fundos também pode retardar decisões e causar estragos sensíveis. Para falar claramente, escolher bem um fundo de ações pode significar triplicar seu capital em termos reais em cinco ou seis anos enquanto a má escolha pode reduzir seu capital a um terço do que era no mesmo prazo. Ou seja, se você aplicou 100 e escolheu bem poderá ver seu dinheiro crescer para 300; se escolheu mal poderá vê-lo minguar para 30. Diferença expressiva, não?

Para sugerir os três fundos que apresentarei, tomei como base o estudo sobre fundos de ações e de carteira livre da terceira edição do livro *Cuidando do seu dinheiro*. Os três fundos listados abaixo estão classificados entre os 15 primeiros colocados no *ranking*; eles foram selecionados por terem resultados comprovados de *performance* nos seis anos deste estudo (de 01/94 a 12/99), por terem filosofias de investimento bem-definidas, equipes de gestão competentes, total transparência de suas ações e por operarem normalmente com nível de volatilidade (risco) inferiores ao da média. O estudo do livro *Cuidando do seu dinheiro* deixa clara a metodologia escolhida para se fazer o *ranking*, e qualquer pessoa pode utilizá-la.

Os fundos de ações selecionados são os seguintes:

— **Fundo Cougar Dynamo**: fundo de carteira livre administrado pela Dynamo Administração de Recursos Ltda. O perfil de gestão deste fundo é aplicar em empresas privadas bem administradas, com potencial de crescimento e cujos preços das ações no mercado se encontrem abaixo do que consideram como seu valor justo. Taxa de administração de 2% ao ano. Patrimônio de R$ 80 milhões em dezembro de 1999.

— **Fundo IP Participações**: fundo de carteira livre administrado pela Investidor Profissional Gestão de Recursos. Possui um perfil de gestão semelhante ao do fundo Cougar Dynamo. Taxa de administração de 2% ao ano. Patrimônio de R$ 85 milhões em dezembro de 1999.

— **Fundo CCF Principal**: fundo FIF de capital garantido administrado pelo Banco CCF. Possui como característica básica o perfil de fundo garantido; se a bolsa sobe, o investidor ganha parte da alta, se a bolsa cai, tem o seu principal aplicado garantido. Não é propriamente um fundo de ações mas estou grupando-o nesta categoria porque seus resultados dependem da *performance* do mercado acionário. Taxa de administração de 1,5% ao ano. Patrimônio de R$ 20 milhões em dezembro de 1999.

Uma vez apresentados os diversos fundos, vamos observar qual seria a conseqüência prática para um investidor, no fim do ano de 1999, que tivesse aplicado seus recursos no início de 1994 — um período de seis anos.

O estudo assume que o investidor distribuiu seus recursos igualmente entre os fundos de cada categoria. Se ele colocasse 50% de seu patrimônio na renda fixa, teria metade desses 50% do Fundo BB Premium e a outra metade no Fundo Pactual High Yield; se alocasse 20% a fundos de derivativos os mesmos estariam no IP Gap Hedge e os 30% que destinasse ao mercado de ações ou de carteira livre estariam igualmente distribuídos entre os três fundos de ações recomendados.

No período em que ainda não tínhamos os fundos de derivativos, considerou-se que a parcela destinada a esta categoria estaria investida nos fundos de ações.

Com estas premissas, vamos aos resultados que serão apresentados em percentual anual de rendimento real.

RENTABILIDADE ACUMULADA POR TIPO DE INVESTIDOR

Assumiremos que em janeiro de 1994, quando começa nossa série, cada investidor colocou 100 unidades em uma carteira de investimento. Cada um deles distribuiu essas 100 unidades de acordo com a diversificação sugerida para seu perfil de risco e tamanho de patrimônio.

O número que aparece no fim de 1999 indicaria em quanto aquelas 100 unidades teriam se transformado em termos reais, sempre se excluindo o impacto da inflação. Se, por exemplo, um investidor tiver transformado as suas 100 unidades em 200 em seis anos, isto significará que terá conseguido um resultado de 12,2% reais, ao ano, de crescimento de seu patrimônio.

O natural seria esperar que os investidores que estão dispostos a assumir um grau de risco mais elevado, aplicando uma parte maior de seus investimentos em ativos de risco, como fundos de derivativos e de ações, conseguissem, em um prazo médio, como o de seis anos, superar os resultados daqueles mais conservadores.

A expectativa de que investidores agressivos teriam resultado superior ao obtido pelos conservadores depende, obviamente, de terem escolhido bem os fundos que operam nos mercados de renda variável. Será que no caso dos fundos recomendados isto aconteceu?

Vamos relembrar a diversificação sugerida por tipo de investidor quanto a seu porte e sua percepção de risco.

Classificação do porte de investidor:

Pequeno investidor: até R$ 50.000
Médio investidor: entre R$ 50.000 e R$ 200.000
Grande investidor: acima de R$ 200.000

A tabela de diversificação sugerida é a mesma apresentada quando discutimos a tática número três no capítulo anterior. De acordo com o seu porte como investidor e de sua percepção ao risco, você poderá colocar mais ou menos recursos em ativos com possibilidade de ganho mais elevado, mas com maior grau de risco. A alocação de recursos utilizada para se realizar as projeções aplicáveis a cada tipo de investidor segue abaixo:

	PEQUENO	*MÉDIO*	*GRANDE*
CONSERVADOR			
Renda Fixa	100	80	70
Derivativos	–	10	15
Ações	–	10	15
MODERADO			
Renda Fixa	60	55	50
Derivativos	20	20	25
Ações	20	25	25
AGRESSIVO			
Renda Fixa	45	40	35
Derivativos	25	30	30
Ações	30	30	35

A tabela indica que o investidor de médio porte — patrimônio entre R$ 50.000 e R$ 200.000 —, com percepção moderada de risco, colocaria 55% de seus recursos em fundos de renda fixa, 20% em fundos de derivativos e 25% em fundos de ações. Analisando a tabela, com que tipo de distribuição de recursos você se sentiria mais confortável?

Vamos passar aos resultados. Esta seria a posição antes da dedução de Imposto de Renda dos diversos investidores, em função de sua alocação de ativos, no fim de seis anos:

INVESTIDOR	Pequeno		Médio		Grande	
		% a.a.		% a.a.		% a.a.
CONSERVADOR	266,0	17,7	290,1	19,4	302,0	20,2
MODERADO	314,0	21,0	318,1	21,3	326,1	21,8
AGRESSIVO	330,1	22,0	338,1	22,5	342,1	22,8

O que era esperado aconteceu, ou seja: os investidores mais agressivos conseguiram resultados bastante superiores aos conservadores. Notem, entretanto, que o nível de rendimento real por ano obtido até pelo investidor conservador de pequeno porte foi superior a 15% anuais, rentabilidade que usei para desenvolver os exemplos de acumulação de patrimônio em capítulos anteriores para os investidores agressivos. O que aconteceu em nosso país nos últimos anos, quando mesmo um investidor de pequeno porte e conservador quanto a riscos consegue superar a marca de 15% de retorno real ao ano?

Como boa parte dos leitores sabe, de 1995 a 1999, o Brasil pagou um dos juros reais mais altos do mundo. Esta postura, decorrente da necessidade de financiar o déficit externo e equilibrar as suas contas enquanto reformas mais profundas não eram aprovadas (desculpe o economês!), levou as aplicações em renda fixa a patamares fantásticos de remuneração. Este simples fato explica as duas observações do parágrafo anterior. O investidor comum foi capaz de obter rendimentos em nosso país que fariam especialistas em investimentos de outras partes do mundo morrer de inveja. Nos países do Primeiro Mundo, com economias equilibradas, a taxa de juros real para a renda fixa varia entre cerca de 2% e 4% ao ano. Bem diferente da nossa, não?

ATENÇÃO, muito cuidado, porque tudo que é bom demais a gente desconfia. Juros muito altos por um longo período podem levar a dívida pública a níveis muito elevados — com custo insuportável para o governo — e a uma eventual moratória ou calote parcial. Esteja atento aos níveis de déficit ou superávit fiscal do governo e à evolução da relação dívida sobre Produto Interno Bruto. Mais uma vez desculpe o economês, mas não quero que você seja surpreendido.

Importante notar que os investidores mais agressivos, que colocam uma parcela menor de seu patrimônio em renda fixa, atingiram o patamar de 22% de rendimento ao ano. Este resultado é altamente atrativo quando consideramos as diversas crises atravessadas no período. E olhe que foram crises para ninguém botar defeito: crise asiática, crise russa, desvalorização cambial, acordo com FMI, recessão, ufa...

Creio que com esses números fica respondida a pergunta sobre ser realístico ou não obter resultados reais de 15% ao ano sobre as aplicações durante um longo período. É natural que existam anos melhores e anos piores, mas considero perfeitamente possível atingir uma meta média de 15% ao ano de rendimento real sobre aplicações financeiras, desde que nos próximos anos o investidor adquira um perfil de risco mais agressivo.

Por que falo que nos próximos anos retornos mais elevados só serão auferidos pelos mais agressivos? Porque espera-se que nosso país passe da condição de adolescente rebelde para a de um adulto responsável. Esta *passagem* significa que o Brasil deverá seguir uma política fiscal séria, que permitirá uma redução gradual nas taxas de juros, como se observou no ano de 1999. Taxas de juros reais mais baixas significam resultados cada vez menos brilhantes nas aplicações em renda fixa.

À medida que a taxa de juros real se reduz, é natural que aumentem as distâncias de resultados obtidos entre investidores agressivos e conservadores, favorecendo mais os que estão dispostos a assumir maiores riscos, porém de forma inteligente e ordenada.

Vamos imaginar o seguinte cenário para os próximos seis anos: taxas reais médias de juros na renda fixa de 8% ao ano (este nível vem sendo apresentado pelas autoridades monetárias como uma meta realística); fundos de derivativos bem-administrados gerando média de 14% ao ano (o resultado significa superar em cerca de 0,5% ao mês os resultados da renda fixa) e fundos de renda variável com excelente gestão obtendo 23% ao ano de valorização de suas cotas (este resultado foi alcançado no período 1994/

1999 pelos fundos de renda variável recomendados neste capítulo). Considerado este cenário, quanto cada investidor poderia almejar conseguir no fim de seis anos, caso aplicasse 100 unidades no início deste novo período, mantidas as mesmas alocações entre renda fixa, derivativos e renda variável, de acordo com o perfil de risco e tamanho de cada investidor, que usamos no cálculo do que teria acontecido de fato entre 1994 e 1999? Veja o resultado abaixo:

INVESTIDOR	Pequeno		Médio		Grande	
		% a.a.		% a.a.		% a.a.
CONSERVADOR	158,7	8,0	183,6	10,6	195,9	11,9
MODERADO	208,3	13,0	217,8	13,9	220,9	14,1
AGRESSIVO	230,2	14,9	233,0	15,2	242,6	15,9

Apenas os investidores mais receptivos ao risco atingirão rendimento na faixa de 15% ao ano. Fica claro que em um cenário de juros mais comportados quem tiver compromisso com a independência financeira precisará adotar uma postura mais agressiva em seus investimentos.

Para aqueles que desejarem se aprofundar mais sobre o PLANO DE INVESTIMENTO, o mercado financeiro e as alternativas adicionais para aplicações de recursos, sugiro, sem ser cabotino, a leitura de meu livro *Cuidando do seu dinheiro*, editado pela Saraiva.

DICAS, DICAS E DICAS...

Gostaria de ressaltar que, embora este capítulo tenha encaminhado sugestões práticas aos leitores, mais importantes que dicas específicas de investimentos são as posturas e atitudes que tomamos na vida.

As dicas mudam, as sugestões de hoje podem não ser as mesmas de amanhã, mas as posturas e atitudes que fazem os bem-sucedidos no campo financeiro são sempre as mesmas. Neste sentido, os capítulos sobre postura geral, ataque, defesa, disciplina, persistência e táticas são mais importantes que dicas momentâneas.

Com o tempo, você será capaz de identificar as melhores alternativas de investimento, vai desenvolver suas próprias dicas e identificará melhores caminhos para chegar mais rápido e com mais segurança a suas metas.

Capítulo IX

Conclusões

Nas muitas entrevistas que dei sobre aplicações financeiras uma pergunta volta e meia aparecia: "Zaremba, visando uma vida confortável no futuro é melhor para o investidor aplicar seu dinheiro em um fundo de previdência ou procurar ele mesmo administrar seus recursos?"

Minha resposta foi e continuará sendo a mesma. Se a pessoa tem DISCIPLINA, ela mesma deve cuidar de seu dinheiro.

Notem que dei ênfase à palavra disciplina. Normalmente, não deveria estar falando a adultos equilibrados sobre este tema pois ele é mais adequado a trabalhos sobre educação ou recuperação de viciados em drogas.

Mas a disciplina que nos é passada nos bancos escolares, a noção de limites que recebemos ou deveríamos ter recebido de nossos pais servem para ilustrar o ponto que desejo ressaltar. Sem querer bancar o inspetor chato que todos tivemos em nossa vida estudantil, para a maioria dos mortais, sem disciplina financeira não se deve esperar um futuro muito brilhante neste campo.

A pessoa disciplinada será capaz de cumprir seus objetivos de poupança e, com o tempo, conseguirá obter resultados superiores aos de um fundo de previdência. Por quê? Simplesmente porque ela está pronta para perseguir suas metas e aprofundar-se na aplicação de táticas vencedoras. Cuidando de seu próprio dinheiro ela saberá identificar os ativos mais adequados para lhe trazer um resultado superior à média, com um nível de risco aceitável. Evitará pagar as elevadas taxas de administração cobradas pelos fundos de previdência e não terá de dividir com eles os resultados acima de determinados patamares — é comum esses fundos estabelecerem parâmetros de rendimento, retendo uma parte que supere a base estabelecida.

Portanto, disciplina é a palavra chave para quem quer ter uma vida melhor no futuro. Disciplina para melhorar seu ataque, sua defesa, aprimorar suas táticas, ter a força de vontade para persistir e para transformar seus objetivos financeiros em realidade.

A RIQUEZA E A CULPA SOCIAL

Confesso aos leitores que fiquei em dúvida se devia abordar este assunto. Afinal, em um livro sobre acumulação de riqueza ou sobre independência financeira, caberia discutir aspectos sociais? Será que esta discussão não ficaria fora de sintonia?

Nas economias modernas, houve uma grande evolução no sentido de tornar o bem-estar material acessível a um número cada vez maior de pessoas. Alguns séculos atrás, a existência de uma forte classe média seria impensável. A riqueza estava concentrada na mão da nobreza, de poucos empresários e dos senhores feudais.

Infelizmente, as diferenças sociais existem e continuarão a existir, mas não há como negar que hoje muitos já se beneficiam do progresso econômico. Os números estão aí para comprovar. Nos países com economias mais dinâmicas e desenvolvidas, quantas famílias desfrutam de uma boa qualidade de vida e dos confortos materiais proporcionados atualmente? Algumas centenas de milhões de famílias, seria a resposta.

Algumas pessoas bem-sucedidas têm problemas com sua situação de bem-estar material. Sentem-se culpadas por tanta gente ter tão pouco.

Até que ponto este sentimento de culpa é legítimo? Até que ponto ele realmente deve se aplicar aos bem-sucedidos?

Fulano de Tal é um camarada de sucesso, rico, popular e feliz. Fulano acabou de cometer alguns pecados capitais aos olhos de muita gente. Logo vão dizer que ele é ladrão, corrupto e coisas piores ainda. Simplesmente para muitos não dá para conviver com a felicidade dos outros. Fulano não pode levar uma vida supostamente perfeita sem ser alvo da inveja alheia.

Não é diferente com o bem-estar material. Na maioria

das vezes, a pessoa que está subindo alguns degraus na escada do conforto material continua sendo a mesma. Digo isto no sentido dos valores básicos em que ela acredita. Uma pessoa pode ser rica e simples, pode ser bem-sucedida e boa de caráter, com bons princípios. Não vejo conflitos nesta área. Muitas vezes são os outros que criam o preconceito contra o amigo que está fazendo sucesso.

Qual a pessoa que não quer subir na vida? Ela não está cometendo nenhum crime por levar sua vida profissional a sério, por ter se preparado e continuar se preparando para poder atingir as metas que tenha estabelecido para si mesma.

Pode ser que, um dia, essa pessoa seja bem-sucedida materialmente. Se ela chegar lá, terá sido fruto de seu esforço, de muito trabalho, de sacrifícios pessoais, de ter tido disposição para assumir riscos, enfim, de ter tomado as rédeas de seu próprio destino e feito as coisas acontecerem.

Sinceramente, não vejo motivos para que os bem-sucedidos carreguem culpa social. Aqueles que tiveram sucesso em função de seu próprio esforço e que não prejudicaram outras pessoas, ao longo do processo, não possuem qualquer razão para carregar uma cruz que não lhes pertence.

O mundo é imperfeito. É claro que as injustiças sociais existem e incomodam. Sou daqueles que acreditam que a melhor maneira de reduzi-las é pela contínua criação e conseqüente distribuição de riqueza. Ao se criarem novas fábricas, novos centros comerciais, novos pólos turísticos, novas modalidades de serviços, estão sendo gerados novos empregos e as bases para uma economia cada vez mais sólida, dinâmica e participativa.

A partir da contínua criação de riqueza se estabelecerão as bases para que um número cada vez maior de pessoas possa se beneficiar do progresso. À medida que a economia de um país se torna mais expressiva e, em paralelo, se a sociedade cobra do Estado uma postura de excelência no trato da coisa pública, estarão se abrindo as possibilidades para uma justiça social mais ampla.

O sucesso financeiro conquistado honestamente, com esforço, dedicação, trabalho e sacrifício, não deve ser motivo de culpa para ninguém, e sim de orgulho. Além do mais, nada impede que qualquer pessoa contribua para programas de cunho social de modo a possibilitar a outras uma situação de vida melhor e com melhores perspectivas para o futuro.

USUFRUIR DO BEM-ESTAR x FOGUEIRA DAS VAIDADES

Vamos supor que você já tenha conseguido ou vá conseguir atingir sua independência financeira.

É claro que, quando acumulamos recursos, queremos usufruir os resultados de nosso esforço. Nada mais natural e merecido.

Gostaria de voltar a tocar em um ponto que considero importante: a diferença entre o conforto e o luxo. A menos que você ganhe muito dinheiro, levar uma vida luxuosa pode comprometer sua saúde financeira.

Todos nos damos alguns caprichos de vez em quando. Tomar bons vinhos, jantar em bons restaurantes ou fazer boas viagens fazem parte da rotina dos bem-sucedidos. Nada de errado com isto. Entretanto, cuidado com o luxo pelo luxo, cuidado para não perder a perspectiva e esquecer os princípios básicos que levam ao sucesso financeiro.

Como já tive oportunidade de dizer, gastar dinheiro é muito fácil. Se você conseguiu atingir sua independência financeira sabe perfeitamente o esforço que precisou despender durante vários anos para atingi-la. Usufrua seu sucesso, você merece, mas não corra o risco de queimar sua independência na fogueira das vaidades.

INDEPENDÊNCIA FINANCEIRA = LIBERDADE

É comum, em romances e em histórias reais, entrarmos em contato com relatos de pessoas bem-sucedidas reclamando sobre a *escravidão* gerada pelo dinheiro ou pela busca, cada vez maior, da posse de bens materiais.

Gostaria de deixar claro que, embora este livro seja sobre independência financeira, ele está longe de ser um documento que exalte a ganância ou o ter pelo ter. É importante não perder nunca o senso de medida. A grande vantagem de alcançar uma situação financeira confortável é a liberdade que ela traz.

Existem pessoas que entram em uma competição totalmente desprovidas de sentido em disputar quem tem mais bens materiais. A competição pode ser feita com seus familiares, conhecidos ou com elas mesmas.

Bens materiais são exatamente o que o nome indica. A posse desses bens tem apenas um objetivo: tornar nossas vidas mais confortáveis. A armadilha da acumulação desenfreada e sem sentido torna as pessoas escravas do dinheiro e dificilmente garante felicidade.

A independência financeira deve significar viver com conforto e liberdade e não viver com luxo e escravo do *cada vez mais*. Ninguém pode se considerar livre, mesmo tendo muito dinheiro, se continua escravo da ambição desenfreada.

Apêndice

Este apêndice divulga dados relativos à rentabilidade apresentada pelos diversos fundos de investimento recomendados no capítulo relativo a sugestões e dicas práticas. Fala também sobre a metodologia de cálculo adotada para apurar os resultados obtidos, pelas diversas categorias de investidores, apresentados no mesmo capítulo.

1. RESULTADOS DOS FUNDOS

FUNDOS DE RENDA FIXA

Como nenhum dos dois fundos que selecionei existiram durante todo o período (1994/1999), utilizei a rentabilidade de outros fundos de renda fixa administrados pelo Banco do

Brasil e pelo Banco Pactual nos anos em que os fundos selecionados não existiam. Veja a tabela abaixo:

RENTABILIDADE NOMINAL

FUNDO	1994 %	1995 %	1996 %	1997 %	1998 %	1999 %
BB PREMIUM 60	1.090,3 (1)	51,8 (2)	28,5	22,2	28,3	24,3
PACTUAL HY	1.106,9 (3)	54,0 (4)	27,0 (5)	27,1	29,3	26,4

(1) — resultado em 1994 do fundo BB Commodities
(2) — resultado em 1995 do fundo BB Renda Fixa
(3) — resultado em 1994 do fundo Pactual Commodities
(4) — resultado no ano de 1995 do fundo Pactual Yield
(5) — resultado no ano de 1996 do fundo Pactual Yield 60

Obs.: os diversos rendimentos anuais foram obtidos na *Gazeta Mercantil*. Esta mesma observação é válida para os fundos de derivativos e de ações/carteira livre.

Considerando os resultados do IPCA (Índice de Preços ao Consumidor Ampliado) do IBGE como nosso índice de inflação, os fundos acima apresentaram os seguintes resultados reais de rentabilidade ao ano:

RENTABILIDADE REAL

FUNDO	1994 %	1995 %	1996 %	1997 %	1998 %	1999 %
PREMIUM 60	5,0	24,0	17,3	16,1	26,2	14,1
PACTUAL HY	6,5	25,8	15,9	20,8	27,2	16,0
MÉDIA RENDIMENTO ACUMULADO (94/99)						266,0

FUNDOS DE DERIVATIVOS

Tabela de rentabilidade nos anos envolvidos:

RENTABILIDADE NOMINAL

FUNDO	1994 %	1995 %	1996 %	1997 %	1998 %	1999 %
IP GAP HEDGE	–	–	–	37,7	24,0	60,7

A tabela de rentabilidade real ajustada pelo IPCA deste fundo é apresentada a seguir:

RENTABILIDADE REAL

FUNDO	1994 %	1995 %	1996 %	1997 %	1998 %	1999 %
IP GAP HEDGE	–	–	–	30,9	22,0	22,9
MÉDIA RENDIMENTO ACUMULADO (94/99)						425,5

Obs. Para se obter o resultado acumulado considerou-se a rentabilidade dos fundos de ações recomendados no período 94 a 96, quando o IP Gap Hedge ainda não existia.

FUNDOS DE AÇÕES

Abaixo está a tabela de valorização anual das cotas dos fundos em questão:

FUNDO	1994 %	1995 %	1996 %	1997 %	1998 %	1999 %
COUGAR DYNAMO	2.391,4	10,7	64,2	0,6	(12,3)	103,0
IP PARTICIPAÇÕES	1.588,1	22,3	45,3	(4,7)	(19,3)	104,4
CCF PRINCIPAL	1.311,5	37,9	19,6	33,1	16,9	54,4

A tabela de rentabilidade real ajustada pelo IPCA desses fundos é apresentada a seguir:

FUNDO	1994 %	1995 %	1996 %	1997 %	1998 %	1999 %
COUGAR DYNAMO	119,8	(9,6)	49,9	(4,4)	(13,7)	86,3
IP PARTICIPAÇÕES	48,9	(0,1)	32,6	(9,4)	(20,6)	87,6
CCF PRINCIPAL	24,5	12,7	9,2	26,5	15,0	41,7
MÉDIA RENDIMENTO ACUMULADO (94/99)						346,6

Como era de se esperar, quando falamos em fundos de ações observamos as maiores oscilações na valorização real do patrimônio. Em determinados anos, é fortemente positiva; em outros, caminha no sentido contrário. Tomar apenas um ano de resultados como base para uma decisão sobre fundos de ações é totalmente insuficiente. É a velha história: investimento em ações é de longo prazo.

2. METODOLOGIA DE CÁLCULO

Na tabela de resultados auferidos até o fim de 1999 pelos diferentes tipos de investidores que aplicaram, em janeiro de 1994, nos fundos recomendados, apresenta-se o crescimento real, já descontada a inflação, que os mesmos foram capazes de acumular.

Selecionei como exemplo para ilustrar a metodologia de cálculo o investidor de porte médio com perfil de risco moderado.

Este tipo de investidor teria distribuído, teoricamente, seus recursos da seguinte forma:

Tipo de Fundo	Peso (%)
Fundo de Renda Fixa	55
Fundo de Derivativos	20
Fundo de Ações/Carteira Livre	25

No nosso caso a distribuição de seu dinheiro seria a seguinte:

Fundos de renda fixa: 27,5% dos recursos no Fundo BB Premium 60 e os mesmos 27,5% no Fundo Pactual High Yield.

Fundos de derivativos: 20% dos recursos no Fundo IP Gap Hedge.

Fundos de ações/carteira livre: 8,33% dos recursos em cada um dos três fundos recomendados.

Com os recursos distribuídos entre os diversos ativos recomendados o resultado final nada mais é do que ajustar o valor colocado em cada ativo pela rentabilidade real de cada um deles no período. No período em que os fundos de derivativos não existiam, considerei que os recursos direcionados a este tipo de ativo estariam investidos nos fundos de ações recomendados. Assim, o resultado alcançado por um investidor de médio porte, com perfil de risco moderado, seria de:

- 55% — recursos aplicados em renda fixa.
  266,0 — resultado acumulado da média dos dois fundos recomendados.

- 20% — recursos aplicados em fundos de derivativos.
425,5 — resultado acumulado do fundo de derivativos.
- 25% — recursos aplicados em renda variável.
346,6 — resultado acumulado da média de três fundos recomendados.

As alocações associadas aos recebimentos ou conta tipo de aplicação totalizam 318,1 ou 21,3% ao ano, conforme tabela no Capítulo VIII.

Este livro foi composto na tipologia Elegant
Garamond em corpo 12/16 e impresso em papel
Offset 90g/m² no Sistema Cameron da Divisão
Gráfica da Distribuidora Record.

Seja um Leitor Preferencial Record
e receba informações sobre nossos lançamentos.
Escreva para
**RP Record
Caixa Postal 23.052
Rio de Janeiro, RJ – CEP 20922-970**
dando seu nome e endereço
e tenha acesso a nossas ofertas especiais.

Válido somente no Brasil.

Ou visite a nossa *home page*:
http://www.record.com.br